花蓮365 春夏

hualien

王玉萍 著

導演 王小棣

作家、公視「浩克慢遊」節目主持人 王浩一

作家、著有《風土餐桌小旅行》《樂活國民曆》《旅人的食材曆》 洪震宇

台灣好基金會 執行顧問 徐璐

政大廣告系教授兼×書院總導師 陳文玲

詩人、國立東華大學華文文學系主任 須文蔚

國立臺灣大學臺灣文學研究所兼任副教授、監察院副院長 孫大川

田中央聯合建築師事務所 主持建築師 黃聲遠

音樂人、劇場人、廣播人 萬芳

海洋文學作家 廖鴻基

青松米、穀東俱樂部農伕 賴青松

「浩克慢遊」金鐘導演 劉志雄

——美好推薦

行—壽豐鄉 豐田五味屋／人氣農夫南瓜採收大隊—壽豐鄉 壽豐印象／春天來喝茶—瑞穗鄉 吉林茶園／藝術授粉計劃—吉安鄉 花東菜市集／梅子採收—鳳林鎮 美菊園／買好梅子—花蓮市 梅珍香／只紀錄不補捉的生態農場—瑞穗鄉 富興里拔哈(LiPaHak) 生態農／關心寄居蟹硬殼的柔軟心—花蓮市 洄瀾風與黑潮海洋文教基金會／海岸山脈百合花季—壽豐鄉 水璉海邊／可愛的蠕動小階—壽豐鄉 水璉牛山呼庭／自創產業，來家作客—瑞穗鄉 拔仔庄／螢火星光秘境—壽豐鄉 鯉魚潭／走遍部落說故事—萬榮鄉 早療協會／讓每一位村人都被看到—富里鄉 羅山村月荷塘／讓祖先的聲音被聽見—卓溪鄉 一串小米獨立出版／小野溪迸出的南安瀑布—卓溪鄉 南安瀑布／野蔴森林—卓溪鄉 瓦拉米步道／布農族射耳祭—卓溪鄉 卓溪國小

春。五月

要好好結果喔！

國曆五月六日—立夏—雨量多，農作物生長—苦瓜—

國曆五月二十一日—小滿—作物結果漸豐，但尚未成熟—桑椹—

山坳臺地上種出的聚落—秀林鄉 西寶農場／杜鵑花季—秀林鄉 合歡山群／臺灣原住民的第一間教會—秀林鄉 太魯閣姬望紀念教會／賽德克人織布的意義—萬榮鄉 藝術家林介文／愛女生布衛生棉—花蓮市 布布貼心工作室／二手雜貨請預約—花蓮市 有的沒的二手雜貨鋪／花蓮最老媽祖廟—花蓮市 慈天宮／她把喜歡的放進生活裡—花蓮市 Caffe Fiore 珈琲花／創作如生活每天不一樣—吉安鄉 淑鈴生活陶／白天室內看海晚上戶外觀星—新城鄉 原野牧場／為素食者做甜點—花蓮市 Juno Baking／來家吃的好蔬食—吉安鄉 美滿蔬房／為貓狗在家工作—花蓮市 怡文布品與ㄎ媽肥皂／陌好壯壯的自家留種—吉安鄉 雜草蟲聲農莊／用心揉製的溫潤—吉安鄉 小紅饅頭／最關注的永遠是家—吉安鄉 家市集／蝦虎洄游孕育生命—秀林鄉 太魯閣砂卡礑步道／找到田國際泥巴運動會—鳳林鎮 北林社區活動／預約客家創意料理—吉安鄉 阿姑的店／佛陀出巡—瑞穗鄉 青蓮寺／朝氣蓬勃的傳統美容師—吉安鄉 阿嬤挽面預約／菜園裡的野菜火鍋—吉安鄉 櫻之田野／小燕鷗繁衍—壽豐鄉 花蓮溪口／香香的豬窩天堂—吉安鄉 美美里信窯烤麵包／泡腳公園—吉安鄉 初英親水生態公園

100　085

本書撰寫於二〇一五年，所標之節氣與慶典，皆為當年度時間，安排相關行程時，請事先確認各慶典、節氣時間。
內文 MAP 為作者推薦行程，可能與標註地點有所不同，可互相參照，更添趣味。

國曆三月六日
驚蟄
春雷震醒蟄伏的生命

國曆三月二十一日
春分
晝夜相等，晴雨冷暖多變

春。

等待養分足夠

在花蓮，春天來了不用看日曆，看植物就知道。

平日隨意抬頭路旁山邊都是綠，到了這個時候，大自然的顏色像醒來，桃李櫻陸續綻放，恍然大悟：喔！原來，這是開黃花的風鈴木，那是開淡紫帶白花的苦楝，還有開紅花的木棉，紅色櫻花超級美，最熟悉的杜鵑也綻放了紅粉白……

花蓮一波波的移居故事從未間斷，這裡有豐沃的土壤，也有貧瘠的環境。

離花蓮市車程半小時的壽豐，是繼吉安後近年吸引移民前往的新居所，有各自生活下去的「想辦法」，不為人知的辛苦，與堅持的理由。

早期自願或被迫的島內移民，潛沉在新環境裡，也已歷經數代。花蓮中南段的光復、瑞穗、萬榮，有先後聚居的阿美族、太魯閣族、布農族人、客家人等，青年回鄉，感情上比外地移民又多一分家族使命。

不論是島內移民或飄洋過海，度過極寒後紛紛冒出頭，甚至開出令人激賞的花朵。踏踏實實，落地生根。

03/01

凡事徹底的職人精神

〔壽豐鄉　味萬田有機豆漿〕

喝到味萬田的豆漿，到底是幸還是不幸呢？因為之後再到傳統中式早餐店時，會猶豫要不要點豆漿，因為都沒有味萬田的豆香濃啊！這是人追求美味的天性。

根據衛生署統計，臺灣每年從國外進口兩百三十萬噸黃豆，有九成是基因改造，美國拿基改豆加工成動物飼料，用農藥栽種、運輸過程用抑菌劑，再賣到臺灣。飼料等級的基改豆，卻成為我們食用的豆漿、豆腐、豆干……

素食者 Peter 與太太及朋友一起從臺中移居花蓮，發現壽豐鄉水質極好，適合做豆類加工品，幸運找到廢棄醬油廠房，從美國進口比基改豆價貴二三倍的有機特級黃豆。沒有做食品加工經驗的他們，只有信念：做出「給人吃的好豆腐」。

拜訪傳統豆腐店學手藝、訂不鏽鋼器、建置符合衛生的食品工廠與汙水處理，Peter 掛上爺爺的名字「味（魏）萬田」當招牌，二〇一五年員工到日本見習吃到無添加消泡劑的豆腐，Peter 說：「我有新目標了！」決心要做可傳世的職人工作，追求單純的好味道。

①味萬田食品股分有限公司（MAP 壽豐－14）
地址：壽豐鄉共和村大同路 1 號
電話：03－865－1918
產品有豆漿、豆腐、豆干、豆花、豆腐腦等，新品持續研發中。

②好好吃飯（MAP 壽豐－15）
訂購電話：0933－016－294（農夫黃兆瑩）

03/02

勞動裡學習感恩

〔壽豐鄉　好好吃飯〕

「這是我吃過最好吃的飯了！」一個已吃飽的五歲小孩，因為媽媽煮了一鍋飯飄出香味，要求吃一口，再吃一口又一口，滿足地下了這樣的結論。

「好好吃飯」是從臺北移居的黃兆瑩種的米，向有經驗的農夫學習種植、請臺北藝文圈朋友設計包裝、自己想辦法網路行銷。文青種田不靠浪漫，辛苦的不只是耕種勞動，頭幾年收入不足，得額外打工，還得安慰不時捎來擔心的家人。米歉收時心臟要逞強，卻再也沒法對家人說出：「不要擔心喔！」

終究還是要埋頭邊做邊學，逐步擴大耕種面積，很勇猛地在烈日下翻攪曬米，已經少有農夫願意這樣做了。「當是賺健康生活啦！」黃兆瑩確實越來越健壯。

「這一期的日曬米水分較飽滿，煮的時候水要加少一點喔！」在卡片上寫下關心與感謝，隨著米送到長期訂戶手上，於是老顧客也會不時回饋「家人食用感想」給這位文青本色不改的新手農夫。

03/03

家的藏式好料理

〔壽豐鄉　Tibetan momo café 藏式料理〕

「因為家裡孩子也要吃。」龍珠慈仁說，並未刻意強調使用有機食材，覺得對待客人應該就要像家人一樣。

龍珠，一個流亡到印度又因愛來臺灣的藏人，從印度達蘭薩拉搬到太太Bibi的家鄉臺灣，又從臺北移居到花蓮。沒資金、背景，只有一個很想珍惜的家。那麼創業，就從家出發吧！

在印度有開餐廳經驗的龍珠，居住在東華大學附近的大型社區，想為社區料理。「家中店」開張時只賣Momo（藏式小籠包），搭配印度與藏式奶茶。「連麵片都現做，快不來。」龍珠靦腆解釋。這單純是因為認真用心，熟悉花蓮在地好食材得慢慢來，例如終於等到朋友介紹很好的牛肉，就能買來做牛肉咖哩，他盡可能每日再多提供一種Momo之外的餐點。

他不但是廚師，還是歌手，各地邀約演出時，就放下湯瓢拿起樂器出發。龍珠相信，只要持續，豐盛會一一呈現，這樣做出的料理，當然好吃。

① Tibetan momo café 藏式料理 (MAP 壽豐－16)
地址：壽豐鄉志學新邨 112－1 號
電話：0978－570－211
每週四五 12:00－20:00 固定開放、其他時間須預約。

②美好花生 (MAP 鳳林－11)
地址：鳳林鎮中和路 142 號
電話：03－876－2373

03/04

接棒傳統好手藝

〔鳳林鎮 美好花生〕

吃著「美好花生」，很開心味道跟鍾媽媽炒時一樣好吃，其實現在還能吃到，並不是容易的事情！

當鍾媽媽最後一次寄炒花生到臺北給兒子與媳婦時說：「炒花生炒到手受傷，不再做了。」阿龍與郁倫沒考慮多久便放棄所有，回鄉接下工作。

二人從英國念書回來後，分別擔任專業攝影師、藝術基金會的國際策展者，回鄉後學習炒花生、自己栽種花生、重新設計包裝、網路與實體銷售，吸引更多人。六年來一路衍生出花生醬、花生油，未來還想做更多相關商品。

曾經在中橫公路開車經過一個峽谷，瞥見有個人站在路邊拿著相機專注拍照，是阿龍。這是他與郁倫回娘家的路。現在的工作也有些類似—不希望客家媽媽們好手藝消失，也沒放棄藝術專業。他們努力連結兩端，「如果吃花生時，也能欣賞到攝影作品？」阿龍說著他的理想，你也會期待吧？

03/05

農曆正月十五，上元節

客家新丁節

〔鳳林鎮　土地公廟〕

人們最早祭拜的對象是大自然，後來需要更貼近人類經驗的神格想像，有了民間信仰（道教）的天地水「三元祭」。上元節向天官祈求賜福，中元節向地官祈求解厄，下元節向水官祈求救苦，所以三官又代表福祿壽。

農曆正月十五日上元節，是向天官祈求賜福的日子。對客家人來說，這也是一個特別的節慶，叫「新丁節」。從去年元宵到今年元宵，有生男丁的，要製作新丁粄（紅龜粿）到村裡土地公廟拜拜，報告土地公，家裡多了一個新丁喔！現在則不分男女，都可以帶去給土地公「報戶口」，為孩子祈求土地公保佑一生平安。

這天是元宵，也是客家人的「新丁節」。土地公廟前，大清早就會有老人家聚集聊天，如果起個大早，可以聽到很多故事，然後看著「家有新丁」的陸續前來，感受老老小小香火在村裡延續的幸福。

土地公廟
（MAP 鳳林－05）
鳳林鎮北林社區「樹林尾」。

國曆三月六日

驚蟄

春雷震醒蟄伏的生命

韭菜

一年四季的韭菜被美食家評為「春香、夏辣、秋苦、冬甜。」春天韭菜最美味，也號稱「春菜第一美食」。多吃韭菜可補脾胃、對肝也有益處。

韭菜別名「起陽草」，瑞穗有間民宿手藝好提供預約餐，來自越南的老闆娘說「韭菜水餃壯陽」，被客人錯聽成「撞牆水餃」，成一趣味。

掃叭頂景觀民宿
地址：瑞穗鄉舞鶴村211－1號
電話：0910－552－019

平方家寄賣點
（網路公告行程沒有地點）
臺北：彎腰市集
花蓮：小一點洋行、
阿之寶手創館、花蓮日日
網購：www.shop2000.com.tw
平方家

03/07

愛孩子出發的創業

〔壽豐鄉　平方家清潔用品〕

年輕的平方家夫妻從北部移居來時，專業特教老師的太太吟芳，最初在家經營課後共學，帶孩子學習家務、認識自然環境，孩子與家長都喜歡。後續更換的幾個工作也多與兒童教育有關。直到兩人有了第一個孩子後，工作轉到爸爸國評的專業，還是因為孩子。

學化工的國評，用吟芳的母奶製作手工肥皂，某日再聞到一般清潔用品不習慣了，有股刺鼻的味道。爸爸回頭研究各種產品的資料，一般清潔用品的成分對環境不是清潔，根本是汙染。

「那就來做無化毒的天然清潔用品吧！」夫妻倆在家創業，不汙染環境是信念，因為更多的「知道」，要求的細節越來越多：支持非基因改造，知道芥花油是基改作物後，花一年時間找到替代方案。朝低塑努力，把黑膠PVC貼紙改為「牛皮上油標籤」。並鼓勵瓶罐重複使用，提供秤重買皂。

怎麼銷售？還是因為孩子。他們開著「移動商店車」以網路公告行程，不定期地在北濱公園、吉安的家事集，帶著孩子一起玩耍、工作，與客人分享。

03/08

移工故事彩繪牆

〔光復鄉　大富村〕

站在傳說會帶來「大富大貴」的大富車站，從明德街往海岸山脈方向眺望，想像約一九六〇年代糖廠鼎盛時期，前方約一千多公頃的緩坡平原上綠油油人稱「綠野香坡」，不是稻田，是甘蔗園。

這裡原本叫「大和」，聽說短短兩百公尺的明德街曾經出現：冰店、西藥房、中藥店、食堂、裁縫店、酒家、戲院、旅館、照相館、鐘錶店……等，那時村人口有六千多人，將近現在六倍。

日治時期，花蓮的蔗田從新城綿延至富里，長達一百三十公里，是僅次於稻米的農作物。甘蔗種植、糖廠工作須大批人力，召來西部閩客人舉家移民成為島內「移工」，戰後「大和」被分為大豐、大富兩村。

鼎盛期各地來的移工人數多，一波約一百二十多位退除役官兵轉來光復糖廠工作，居住的光復新邨就在平地森林園區遊客中心上方不遠處。另一波廣東陸豐線的客家移民，帶來的擂茶文化仍保留在明德街上。

文史工作者赫恪多年在車站裡策劃攝影展，並提供照片給富安宮做牆面彩繪，紀錄大和的過往風華。現在街上除了彭記擂茶，又新開一間大和擂茶鋪。時間在這條街上停止了嗎？那可不一定。

彭記客家擂茶
(MAP 光復－03)
地址：光復鄉明德路 45 號
電話：03－873－1252

大和擂茶鋪 (MAP 光復－04)
地址：光復鄉明德路 36 號
電話：03－873－1223

03/09

臺灣第一個ＢＤ農場

〔壽豐鄉　光合作用有機農場〕

吳水雲二十出頭時為了尋求生命意義，因緣際會在美國出家，先後擔任兩位仁波切的翻譯，然後回到臺灣家鄉當農夫。他說，走了世界十多年回到家鄉，在一方土地裡，也可了悟生死。

密宗傳統裡有一位大成就者瑪爾巴，也是農夫。農夫每天思考，這個蟲要不要殺？那個植物怎樣才長得好？都是生命的問題，「你們的生命，不就是吃農夫種的食物而維持的嗎？」吳水雲說完大笑，真有幾分道理呢！

光合作用農場是通過澳洲 Demeter 認證的ＢＤ（Bio Dynamic 活力農耕）農場。認證的標準建立於國際有機法規，是全球目前最重生態的農耕方法，結合古老傳統有機農耕、靈性科學（Spiritual Science）全觀洞見、現代科學觀點的農法。

農場還開設過ＢＤ農法學堂、親子的華德福親子共學堂。吳水雲也在農閒時抽空出國學習，再回歸運用，朝氣蓬勃地在這一方土地上，了悟生死。

①光合作用農場（MAP 壽豐－24）
地址：壽豐鄉志學村忠孝 1－30 號
電話：0919－126－090
歡迎訂購或預約體驗參訪等活動

②天穿日活動（地址不定）
每年客家十二大節慶之「天穿日」舉辦日期與地點都另訂，請洽鳳林瑞穗玉里各鄉鎮公所。

03/10

農曆正月二十，客家天穿日

年糕補天，休養生息

〔花蓮縣　各客家鄉鎮〕

農曆正月二十日是客家人特有的節日「天穿日」，這一天所有人都不許工作！客家有句俗諺「有做嘸做，聊到天穿過。」天穿日通常會下雨，男的耕田鋤地會使大地漏水，女的織衣會穿針刺破天，就算工作賺到錢，也會漏光光。還是別工作了吧！

天穿日的記載可上溯到東晉王嘉《拾遺記》：「江東俗稱正月二十日為天穿日，以紅縷繫煎餅置屋上，曰補天穿。」傳說女媧在這一日煉石補天，客家人炸甜粄（年糕）象徵補天的五色石，祭拜感謝女媧娘娘。

從前客家人多務農，過年充分休息到天穿日後，才開始工作。現代社會多數初五開工，所以當「天穿日」成為政府訂定的客家十二大節慶後，花蓮各客家鄉鎮公所考慮到便民，會各自排定在假日舉辦「天穿日」慶祝活動，對旅人來說，比較像是參加一場歡慶活動。然而傳統的客家宗族，仍舊在農曆天穿日當天「不工作」，大人放下工作、學生向學校請假，照傳統祭拜女媧娘娘、祖先，表達慎終追遠的心意。

03/11

春天花樹們

〔花蓮市　街道樹〕

花蓮市，街上很容易遇到一種大樹，滿地紅葉不添蕭瑟感，美麗得不想要清掃，那是大葉欖仁。

另一棵開滿小花的大樹，是秀麗的苦楝。一陣風吹就花雪紛飛，細看這白透淡紫的花真雅緻，進北濱公園的海岸路單車道上有一整排讓人驚豔。

二〇一五年春天最受矚目，非黃金風鈴木莫屬。聽說是開花期之前大缺水影響，造成全臺灣黃花大爆開，花蓮市商校街一整排金黃襯著藍天，開花期的兩週左右，金黃花海成為限期景點，時時有人在樹下拍照，記下這年難得的春天。

①黃金風鈴木街
地點：花蓮市商校街

②Art Deco 織品、家飾、禮品店
(MAP 花蓮市—35)
地址：花蓮市中美路 104 號
電話：03—832—2108

植樹節

把樹種回去

〔花蓮市 Art Deco〕

家，對於移居花蓮的人來說，是重構理想生活的象徵。那麼，對於生在花蓮從未離開的人呢？

Art Deco的張老闆，原本在中華路經營家飾店面，生意極好，許多花蓮人的家庭布置都出自他的巧手。約十五年前，在美崙發現一棟洗石子的二層花園洋樓，於是在這樓下開了第二間店，生意一樣極好。當初來到這裡時，交接的人說：院子裡原本有一棵鳳凰木，嫌落葉多打掃麻煩，幫忙先砍掉了。張老闆聽完，便帶著家人去挑選一棵新的鳳凰木，「這個家原本就有的家樹，我們重新種回去。」

「現在門口站牌前的龍眼樹，也是之前的樹枯死了，我們重新種的，希望等車的人以後可以摘龍眼吃。」張老闆說時，我想起日本奈良時代一位修行人寫的：「為旅行的人，在街道上種果樹。」

原來不論在哪裡出生，都對於理想的家有想像。就如種下一棵樹，希望穩穩地成長，有能力也照顧到其他人，就更好了。

03/13

珍惜百年老樹

〔花蓮市　明禮路瓊崖海棠街樹〕

走在花蓮市巷弄間，會發現栽種花草的家戶很多，但在鬧區的金三角─中華中正中山路，居然沒有街樹。

臺北市敦化南路樟樹與臺灣欒樹有松鼠跳躍，臺東市更生北路有茄苳綠色隧道，美到辦百人躺在馬路上的活動。在花蓮，總要介紹旅人從火車站進市區要走明禮路啊！像是昭告大家，花蓮市也是有美麗樹街的。

一九〇九年，日本為慶祝臺灣總督府花蓮港醫院落成，在明禮路上種植兩排臺灣原生種瓊崖海棠。如今步行樹下會見到樹幹上附生著各種蕨類，其實生存百年大不易，在有護樹概念後，才陸續打掉包裹幾棵老樹的柏油鋪面，改木棧道增加透氣度。幾棵陸續遭受褐根病、白蟻蛀蝕侵襲的老樹，人們不放棄地診治，越來越珍惜臺灣唯一有瓊崖海棠街樹的路段。

不止有明禮路的百年瓊崖海棠，還有尚志路的鳳凰木，林森路的榕樹，新興路的黑板樹，七腳川溪的臺灣欒樹，中美九街的百年松樹……花蓮市有限建高度，得以保留大片藍天下的樹特別顯美，花蓮真的不只有，無樹的鬧區金三角。

①百年瓊崖海棠街樹（MAP 花蓮市－01）
花蓮市明禮路，從明禮國小到國風國中之間。

②一九三縣道柚子園（MAP 瑞穗－15）
賞柚花路段，約在一九三縣道85公里前後。

03/14

走進甜蜜柚花香

〔瑞穗鄉　一九三縣道鶴岡段〕

每年三月至四月初的瑞穗一九三縣道的鶴岡段充滿香氣，好幾處柚子園的柚花都開了。

沿著一九三縣道轉入鶴東路諸多柚子園，進入賞柚花的精華路線，順著產業道路可到縱管處後方。鶴岡居民以阿美族為主，沿路社區居民屋舍院子，很有阿美族部落風情。

白色柚子花氣味清雅，數十株的柚樹園裡，每一株有上百千朵花時香氣濃郁，但蜜蜂可不怕被香暈，趕忙來幫忙授粉。

我們也可以品嘗柚花香氣，瑞穗的茶農以柚花加上綠茶葉，烘焙製成柚花茶，所以這時的柚子園裡很熱鬧，除了柚花拚命開、蜜蜂嗡嗡嗡，還有茶農在採收柚花。

從前鶴岡以紅茶聞名，近幾年成為大家都熟知的文旦村（柚子是統稱）。柚花茶受到歡迎後，鶴岡又與茶連結上了。

花蓮縱谷賞鳥（地點不定）
縱谷的田間在春耕翻土時期，處處可見鳥兒覓食景象。

03/15

蟲醒了，鳥也來了

〔花蓮縱谷 田間〕

驚蟄過後，休耕的田地陸續翻土整理，準備下期播種。在早上九點前或下午四點後，田間非常熱鬧，因為聽說春雷後土地裡冬眠的蟲都醒了，再來農夫翻動土地也把牠們都翻上來，非醒不可，於是，就會見到上百隻鷺鷥科鳥群在田間覓食野餐。

接著是傍晚時分，曾在鳳林樹林間看到黃頭鷺紛飛回樹梢夜棲，這不就是以前專程去峇里島觀賞的農村美景？

春天也是白鷺鷥的繁殖期，田間看到其後腦勺長出三兩條細長白羽毛，就表示求偶戀愛的日子來了。

03/16

春耕播種

〔鳳林鎮　鳥居農場〕

翻田整地後，就來播種囉！

「我們希望與社區的阿公、阿婆、小朋友一起學習、成長，所以，我們種黑豆不只是種豆，而是種入希望、健康及共同預約永續的未來。」鳥居農場舉辦的播種活動，吸引報名參加的人，從奶奶到孫子，還有遠從臺北基隆來的。

農場主人徐明堂先示範如何撒黑豆、用腳掌輕輕鏟土覆蓋。一人站一條田壟中央，先向一側撒、蓋，然後回頭換另一側再來。一直做到中午徐媽媽送來「挑擔菜」，還有孩子不肯停下。大夥兒拿著飯菜坐在田邊，邊吃邊問徐明堂問題，也有人坐遠一點，靜靜望著中央山脈放空。

一整天忙下來有人笑說：「農夫應該不會喜歡低頭滑手機吧？低頭播種一天，脖子都痠了！」

北林三村社區發展協會（MAP 鳳林一18）
地址：鳳林鎮北林里復興路 157 號
電話：03－876－0530
每年活動日期會更動，請洽主辦單位。

03/17-03/18

回到祖先的土地療傷

〔壽豐鄉　莎娃綠岸（Sawalian）〕

港口部落活動中心往海的方向走去，前方是連著海的稻田。

路的左邊有鎮妹 Labay 與英彥 Lafay 姊妹的娘家，庭園花草出自媽媽的巧手。怎樣靠近海？原來房子真的是蓋在珊瑚礁岩上。Arik 媽媽說：祖先當初來到海邊時，慢慢地用珊瑚石圍起耕地，搬來遠方的沃土一小塊一小塊填滿，變成現在的一大塊。

姊姊 Labay 結婚後居住花蓮市，孩子長大後發生一次意外車禍，醫生說身體與腦部的傷，得長時間復健，於是她回到娘家休養。試著在海稻田旁跟媽媽一起種菜，春採甜菜根、夏收蘭草、秋摘香草、冬拔蘿蔔。四季過去，「每天早上都期待天亮到田裡，原本是心情很好，沒想到，田間工作讓身體恢復狀況更好……」貧瘠的土地受到照顧，會成為沃土，回頭照顧受傷的人，讓身心復原。人與土地的關係，沒有誰是主人，卻真實形成良善的循環共生。

Arik 媽媽和她的媽媽都是巫師，二○○三年爸爸退休後與媽媽渴望連結中斷的巫師文化，與一群老人組成東海岸文化藝術團體，演出古調吟唱、紀錄巫師文化，遠嫁的妹妹 Labay 掙扎很久後，也回家協助。

當爸爸與其他老人陸續離世，媽媽與兩姊妹，繼續在這珊瑚礁岩上生活。祖先種出來的土地，沒有人想過買賣，祖先傳承的文化，努力延續傳遞。

莎娃綠岸（Sawalian）綠芽有機農場（MAP 豐濱－14）

地址：豐濱鄉港口村大港口 2－1 號

電話：0926－330－842

歡迎預約文化導覽、無菜單風味餐、手工藝體驗等。

03/19-03/20

上山採箭筍換工

〔萬榮鄉 緩慢咖啡館〕

春雨一來，春筍就爭相露出，在清晨挖掘的最鮮美甘甜。眼見三位賽德克族阿姨要爬斜坡原本有些擔心，沒想到她們身手俐落一下就消失在茂密竹林。陽光漸烈，阿姨們才陸續出現，每人袋子裡的箭筍滿到爆。一位阿姨看到體驗的女生袋中，「這大支的，本來是要留下來當媽媽的呀！」阿姨笑著說，因為大支的不好吃。

拔箭筍體驗行程的規劃人是林榮輝。有人稱他林議員、有人稱他林大哥，他都笑嘻嘻回應不太在意。他比較在意的是，「對的事情要怎樣做到好。」持續兩三年，他都會在春天主動鼓勵親朋好友號召人來，參加拔箭筍的體驗行程。

「部落裡主要的農作物並不多元，三、四月產箭筍，五、六月產馬告，盤商總以低價收購。我第一年幫部落裡三戶賣箭筍，今年第二年擴充到十家。只要是沒噴農藥的，我就幫忙賣，間接鼓勵大家自然栽培，友善環境，收入也更好一些。」林大哥召大家來採箭筍，阿姨們是最佳的老師。

「我們採時口渴了，就會現場吃一根，很甜喔！」大家都是乖學生，跟著咬起來。相信也間接地讓阿姨們感受到，「我們跟箭筍，都滿受歡迎的喔！」

林榮輝說：「我希望能帶動部落產業，一定要自己先做出成績，大家才會有信心！」第一年一甲地只產出二公斤有機黃豆，第二年繼續找更厲害的有機農夫幫忙播種兼教學。朋友笑他只有兩公斤收成的有機黃豆居然「算粒賣」，想買一包箭筍的人被他勸阻，說宅配費划不來。朋友被他的熱情逗開心，也感動了。

緩慢咖啡館 (MAP 萬榮－06)
地址：萬榮鄉紅葉村紅葉47－4號
電　話：03－887－5158、0937－979565（林榮輝）
春天歡迎預約採箭筍換工體驗。

國曆三月二十一日

春分

晝夜相等，晴雨冷暖多變

枇杷

春天氣溫回暖但易口乾舌燥，多吃新鮮水果補充水分營養。枇杷在秋天至初冬開花，春天至初夏成熟，被稱是「果木中獨備四時之氣者」。《本草綱目》說，枇杷能潤五臟、滋心肺。

全臺灣果菜市場拍賣已電腦化，唯獨花蓮果菜市場還維持人工拍賣，以傳統「糶手」為拍賣媒介，想體驗得透早到，叫賣聲鼎沸特別有人情味。

花蓮果菜市場
地址：吉安鄉中央路三段403號
電話：03－857－2191

草世紀園區（MAP 吉安－25）
地址：吉安鄉吉安村中央路二段 201 號
主要運到大臺北地區銷售，花蓮各農會超市展銷點也買得到。吉安鄉農會經營的草世紀園區，裡面也有農產品銷售，還有草地椅子可遊憩休息。

03/22

白頭韭花，美麗的錯誤

〔吉安鄉　果菜市場後方田園〕

夜雨後，吉安鄉田間散發一陣特殊氣息，循氣息而見，有相機的都忍不住拿出來，一大片白雪小花田！這樣美是什麼花呢？韭菜開花了！

俗諺「正月蔥、二月韭」，到了農曆二月，也就差不多是三月底四月初剛入春，進入韭菜的採收期，這時採收的韭菜香氣最濃郁鮮美，稱為「春韭」。

吉安鄉的「白頭韭菜」與西部的「青頭韭菜」不同品種，味道較不辛辣。

韭菜栽植期間不太需要照顧，功夫主要花在採收期，因為韭菜與龍鬚菜一樣，得靠人力用刀割，以保留根部在土裡重新長，一二個月後繼續收割，一直到十月左右，一年約可採收五六次。

韭菜味不是人人皆能接受，韭菜花更少人看過。農人都說：「開花是種美麗的錯誤。」因為一不小心讓花開了，我們看著一大片美麗，對農人來說等於沒有收入啦！

03/23

臺灣第一個平地森林園區

〔光復鄉　大農大富豐美綠境〕

首先你會遇見一條彷彿延伸到天際的路，引領你走進百萬株低海拔常見樹種的新生林地。

可向園區遊客服務中心預約導覽行程，或是租腳踏車。這裡可見到綠繡眼、竹雞、棕背伯勞、紅嘴黑鵯、灰樹鵲、環頸雉……而且此時蛇類冬眠，安心地走在森林裡非常舒暢。

臺糖於一九四五年接收日本人的糖廠資產，然而更早之前這裡就是阿美族部落耕種與狩獵的傳統領域，近年原住民「還我土地運動」持續進行，提醒了我們：除了學習與大自然共處，人類也需要學習如何共處。

03/24

復育花東特有種水簑衣

〔壽豐鄉　共和社區〕

共和社區位於壽豐火車站附近，有知名的黃金蜆故鄉「立川漁場」，還有傳說中絕跡的水生植物—花東水簑衣。

水生植物因為生長環境受水域區隔，很容易在地演化成獨特品種，花東水簑衣是在一塊小小三角形濕地附近溝渠發現，於是地主提供給社區促進會社區營造。首先將滿滿的開卡蘆（蘆葦）翻除，新雨大哥說：「結果好多不知道在地底下藏了多少年的種籽，見著了光，紛紛都發芽冒出。小小一片濕地就有近四十種濕地植物！」

除了水生植物，這裡多養殖區很適合觀察水鳥，冬天在怡園附近有鳳頭潛鴨過冬，更常見到的是花嘴鴨、小白鷺、夜鷺、夜鷹等。也曾在靠近荖溪堤防附近，觀察到很少見的鴛鴦呢！

①大農大富平地森林園區
(MAP 光復—01)
地址：光復鄉大富村（臺九線 255.7 公里處即可看見指標）
電話：03—870—0870（遊客中心）

②花蓮縣壽豐鄉共和永續發展促進會
(MAP 壽豐—12)
地址：壽豐鄉共和村魚池路 45 號
電話：03—865—5008
如果有興趣一覽「傳說中的花東水簑衣」，歡迎向促進會預約導覽。

03/25

手握家鄉的漂流木

〔吉安鄉　阿迪克藝術創作〕

阿迪克的臉頰終年紅通通，卻從來不喝酒。家在花蓮磯崎阿美族部落，其實是漢人。喜歡上阿迪克作品的人，通常是在花蓮或其他城市的某一特色店家，瞄見一盞漂流木燈或書架。如果親自來花蓮踏進他的工作室，很容易就成了朋友。

阿迪克修車經驗三十年，曾在臺北修車廠擔任廠長，本名王創冠，六歲時全家搬到磯崎。顧念爸媽年老而回鄉，偶然在磯崎海邊撿拾到漂流木，操作機械熟練的他創作起來，花兩個月設計完成第一盞燈，沒多久就把修車廠改為工作室。入口擺滿的漂流木，即將變化出：燈、CD架、書架、名片展示架、時鐘……

從最初一個月賣三盞燈不被家人諒解的窘境，到後來一百五十盞出貨量。他英文不溜但義大利、美國和日本都有粉絲客戶，不意外，阿迪克是用作品與人交心。

阿迪克工作室
(MAP 吉安－19)
地址：吉安鄉海岸路360號
手機：0937－079－115
歡迎預約參訪，或體驗DIY漂流木作品。

健草農園門市（MAP 吉安－21）
地址：花蓮市中福路 25 號
電話：0917－241－170

03/26

在自己土地上種有機

〔吉安鄉　健草農園〕

第一次下田撿福壽螺，是在健草農園的水稻田。

「太忙還來不及處理福壽螺的卵，連日下雨後竟都孵化了。」農場女主人錦慧說，與先生孩子在田裡撿了兩天還沒撿完，於是同行拜訪的朋友，就一起下田撿了。彎腰撿拾大大小小福壽螺，收集起來處理，拿去餵雞。

女主人的爸爸是資深農夫，從沒看過這樣費工撿福壽螺的，忍不住說：「知道你們不用農藥，但就用有機農業用的苦茶粕吧！」

錦慧邊撿邊描述跟爸爸的對話，「苦茶粕對水生昆蟲有殺傷力，其實日本那邊已禁用了。以維護生態平衡的立場來說，值得我們努力不去依賴它。」

池田先生在日本的NGO工作時，長年被派到第三世界教授當地人農耕知識，採用農藥的慣行農法，好快速有收成。有收成人得以生存，但土地生病人也不會好，「從此要種沒有農藥的作物給人吃。在自然共生的環境中，讓孩子吃到美味安全的農作物！」二〇〇八年，池田先生決定辭去NGO工作與家人搬回太太家鄉花蓮，「我的農場重視精神層面，可說是我生活方式的一座實驗場。」讓蟲鳥都來到這裡，一次農藥都不能使用。

03/27

鳥語花香小山頭

〔花蓮市　美崙山〕

美崙山是在市區內稍稍高過一百公尺高的小山丘，因為是市中心唯一制高點，清朝即有農兵駐紮，山林間稍加注意可見日治時期修築的碉堡地道等。

從健樂坡與二處公園大門口進山，平緩好走老少皆宜，喜歡山林寂靜有腳力者推薦好漢坡，四百多個石階，中途回首即能遠眺太平洋在光束下波光粼粼。沿路不會賞鳥的人也分得出，熱烈鳥聲有好幾種！別深信樹不會動，在春天時會被嚇到，因為樹梢會不時咻咻咻，好多大小攀木蜥蜴出現跳來跳去啦！也有小景，石階縫蹦出各種蕨類小草，是上帝插的花束。

好漢坡結束，眼前即是美崙山最大木棧平臺，前方是時而雲霧時而蔥綠的中央山脈。春天還多一個驚喜，木棧平臺的外圍，有一株老柚子樹盛開時香氣濃郁，春天也開香花的苦楝、四季香氣的七里香，都被比了下去。

晴天的木棧平臺上總有人們來運動健身，其實這裡可是春天野餐的好場域。雖然讓運動的叔叔阿姨們不能專心運動，紛紛湊過來聊天，分食讓大家更開心。「下次我們也來野餐吧！」阿姨們說。好好過生活的心情，是可以彼此感染的。

美崙山 (MAP 花蓮市－02)
從花蓮市區林森路朝北方向，過尚志橋。左轉尚志路可至美崙山公園入口，右轉新興路有米老鼠地標入口、好漢坡、健樂坡等處入口。

03/28

市民後花園

〔吉安鄉 知卡宣公園〕

健草農園對面是知卡宣公園，「知卡宣」是阿美族對吉安的稱呼，意思是「薪材甚多」。公園在日治時期曾是空軍基地，十八公頃中有十一公頃的綠地，超過兩百五十種高矮喬木灌木，上百種草本花草、爬藤植物、蕨類、水生植物，是花蓮重要的植物基因庫。鳥、蛇蛙、昆蟲當然跟著豐富。大門前色彩斑斕的花圃，春天開得特別茂盛，馬櫻丹、繁星花、牽牛花、鼠尾草……

也許花蓮親近大山大海容易，且這裡真的很大，總顯得人少，孩子玩耍也安全，跑跳再遠都一望即見。

大片綠地與大樹下，人工設施僅是幾處木頭桌椅。以為樹下寧靜其實生態頗熱鬧，葉片篩下光，紅色小蜘蛛爬過桌面，鳥叫，風來。大剌剌地脫鞋在椅子上或坐或躺，好好讀些書，或發呆或小寐，根本不用顧慮，像自家花園。

①知卡宣公園 (MAP 吉安－02)
地址：吉安鄉中正路二段（花蓮監理站對面）
電話：03－823－3575

②花蓮市大陳一村社區發展協會 (MAP 花蓮市－13)
地址：花蓮市民意里民光249號
電話：03－822－8813
歡迎團體預約，導覽大陳新村文化之旅。

03/29

飄洋過海落地生根

〔花蓮市　大陳新村〕

花蓮市的府前路與美崙山之間形成一個小區塊，前後各有小路可上行，路小而蜿蜒，走進來通常會迷路。這裡就是一九五五年國共內戰一江山戰役後，唯一全島居民都遷移到臺灣的「大陳新村」之二。浙江大陳島居民分別被安排在臺灣十二個縣市，分三十五個新村。

當聽說市公所有意要將花蓮大陳一村二村規劃為特色社區時，想到的是：大陳新村人口多半外移，這裡，還算是「大陳新村」嗎？進一步認識後想法變了：其他縣市有的新村已廢，這裡可是全世界「唯一」講大陳話、「唯一」有阮弼真君廟宇的地方呢！因為今天大陳島上都是新移民，已經沒有大陳人了。

走進新村如果聽到老奶奶說著聽不懂的語言，那就是大陳話了。到老人館看老爺爺打麻將也看不懂，別懷疑，那是大陳人獨有的麻將打法。花蓮大陳新村小小的，很有特色。

03/30

尋找道地大陳味

〔花蓮市　美崙市場〕

大陳島雖然海產豐富，但受限於海島，食物多自製，所以很會運用季節食材，因為是家裡吃，並不特別講究擺盤與配色，不少食物料理很費工。過節喜慶前會製作特色食物有：過年前釀老酒，冬至開始家家戶戶製作掛門口風乾的鰻魚旗（乾），家族團聚時製作貌似春捲的麥油煎。還有婦女坐月子時補身體的薑茶麵、平日嘴饞吃的甜點糖糕……

大陳新村在美崙區的地緣關係，朝著美崙市場走，就會找到大陳味的食物。平日飲食也是江浙口味，在「蔣嫂小吃」可以吃到炒年糕。主要都是家裡吃的菜，好吃比好看重要，完全符合大陳人爽朗樸直的個性。

寧波年糕不用遠到臺北南門市場，美崙市場也買得到梁家姊妹製作的年糕，買回去自己試試看喔！

②蔣嫂小吃（MAP 花蓮市－44）
地址：花蓮市中興路 92 號
電話：03－823－4068

03/31

農曆二月十五，花朝節

油桐花秘境

〔花蓮市　大陳新村公園〕

美崙山下新興路對面路口，就是大陳新村二村的入口，右邊有小公園，大草坡上方有兩大株雪白。這個季節來，就是為了這油桐花盛開！

花蓮目前的開發多朝觀光，一些創造出來的東西，例如大飯店大景點建設與紅珊瑚店林立，恐怕與原本在地生活環境有些脫節。春天來，大山大海若都看過了，不妨試著走入社區路邊小公園，花蓮空氣好，植物花草都特別乾淨美好喔！感受一下，花蓮人如何享用這些美好。

已經失傳的節日花朝節又稱花神節，與農曆八月十五中秋合稱「花朝月夕」，是一年中最美好浪漫的節日，花朝節這天要出遊踏青賞花。少見有人好好享受這美景，不如與朋友相約花朝節這天早晨在此野餐，坐在樹下，風一吹，雪白花朵飄下，日本賞櫻不也類似這般？

也許是《紅樓夢》作者曹雪芹刻意，花朝節也是林黛玉的生日，書中女孩們這一天剪彩帶綁貼在枝頭上，也有女孩子頭上插花的習俗，稱為「賞紅」或「護花」。相傳，唐．杜秋娘的詩《金縷衣》：「勸君莫惜金縷衣，勸君惜取少年時，花開堪折直須折，莫待無花空折枝。」就是在花朝應節而作的呢！

然而春分時節果真晴雨不定，前一天才見整棵百千朵花，在夜晚就被雨打落光。還是要盡興野餐啊！無意間飄下幾朵白花，會特別驚喜，相信是花神送來祝福。我們經歷過，所以知道。

大陳新村公園（MAP 花蓮市—13）
花蓮市美崙山下，新興路對面。

春。

小社群連串蔓延中

國曆四月五日
清明
氣候清爽，植物萌芽成長

國曆四月二十日
穀雨
梅雨將臨，充沛雨水滋潤田地

清明時節仍偶有春雨綿綿落下，但無雨的日子特別晴朗，很適合短程的近郊遊走，於是清明節氣成為一個節日，家族齊聚祭祖，維繫彼此感情，也到青草地上放風透氣。

花蓮的社會結構沒有西部環環相扣的緊密複雜，真心認為，多族群組成的花蓮，最好的發展是包容各自的獨特、友善連結。就像坐在青草地上放眼一片綠草繁花，低頭仔細觀看，裡面藏著各展姿態顏色的小花呢！

東華大學多年來持續有老師學生走出教室，在各社群間學習與合作。壽豐「五味屋」在豐田社區從二〇〇六年一個點，現在組成了面。瑞穗「富興里拔哈（LiPaHaK）農場」，產官學合作「生態共生農場」的實踐已邁入第三年。嚮往良善生活圈的人，可預約前往參訪、換工。

花蓮無毒農業戶全臺最多，吃在地自然栽培食材容易，外地朋友也想要吃到？現在也不困難啊！有不少熱血分子，設計出各式小農銷售平臺，網購宅配客製直接向農夫買……

這些，都像是花蓮青草地上，眾多小而獨特組成的閃亮亮。

04/01

溝仔尾來J（坐）老街行動

〔花蓮市　o'rip 生活旅人〕

o'rip 生活旅人從二〇〇六年以雜誌形式關注紀錄花蓮人生活開始，逐步發展到文創品、在地導覽等面向。二〇一二年底成立「有禮」門市，從二〇一四年暑假展開在花蓮市街區帶路行動，每週一次，輪班的帶路人以帶領好友認識花蓮街區的心情，走進花蓮詩人陳黎的「波特萊爾街」，展開各自不同的私房路徑。

有時二三人也帶、團體預約也帶，「人力吃緊不自量力地，竟也持續到現在。」目前的負責人黃啟瑞說：「其實背後支撐的共識，是希望東部在發展大觀光之餘，能有一點點目光，來關注這塊土地原有的歷史與人文，體貼當地居民的想法。」

上週還看到的老房子消失了，福助橋拆走溪流加蓋了，曾經營業二十四小時的廟口紅茶老店還在，幾間咖啡館陸續開張，老城區慢慢地在改變。時常被叨擾的老店家、里長伯變成朋友。時機成熟了，二〇一五年號召外地年輕人、在地大學師生與老社區居民合作，五花八門想法講出來：旅人在老店買到早期手繪電影海報明信片、老房子成為旅遊資訊站、廟口看電影講古、在牆上掛出版社授權的張愛玲溝仔尾印象……老在地人的情感、年輕學生的創意、o'rip 串連匯流成「溝仔尾來 J」系列行動。J 轉化新意為 Join，歡迎一起參與。

①o’rip 生活旅人（MAP 花蓮市－36）
地址：花蓮市節約街 27 號
電話：03－833－2429

②choco choco 巧克力專賣店（MAP 花蓮市－22）
地址：花蓮市忠孝街 70 號
為求專心製作，沒有電話。

04/02

第一間，點亮了老街

〔花蓮市 choco choco〕

創意文化園區旁的圓環是鬧區邊緣，園區對面的忠孝街是老社區溝仔尾的一部分，以往旅人不太走進去，如今這裡漸漸熱鬧，花蓮第一間巧克力專賣店 choco choco 是個好開始。

女主人芳婷是臺北人，為了住在花蓮得找個工作，找工作很困難，聯想到：「不然就來試試，賣自己愛吃的巧克力？」在臺北巧克力專賣店認真習藝後，回花蓮市區開店一年，就相中了溝仔尾老社區的轉角老房子，經過費心整修，老街出現新的招牌，吸引新的人潮走進來。

男主人歷權是花蓮人，努力學習煮咖啡，其實真正的位置是二樓的攝影展演場，協助芳婷實現心願，也讓很多前來品嘗巧克力的人，有幸上二樓欣賞到很棒的攝影作品，現在也提供學生、素人藝術家、返鄉創作者申請辦展覽。

choco choco 對面是花蓮第一間媽祖廟，夜晚廟宇燈籠對著巧克力店招牌，這裡變得明亮溫暖了些，兩個對望的忘年呢。

04/03

與土地連結的經驗

〔光復鄉　光復自然田〕

劉小雁是高雄人，東華大學自然資源研究所畢業便留在花蓮。二〇一五年與農夫朋友在光復租地，成立「光復自然田」，小雁辦活動找朋友來田裡幫忙播種；沒經驗的人聚在一起，教學時間比實際工作長。不是農家出生的年輕人，有些工序太堅持太細膩，專業農夫搖頭，「真正的農夫若這樣做，早就餓死了。」小雁說她也明白，但相信生產食物是人與生俱來的能力，得自己體驗如何把學到的理論與工作慢慢兜起來，才會真正與土地連結。

04/04

穿PRADA的自在農夫

〔瑞穗鄉　彌勒果園〕

黃彥儒是花蓮人，週六上午陪伴媽媽在花蓮好事集擺攤。沒現身的日子，必是到臺北等地參加市集商展等活動。

「小時候爸爸給我一個花園，那是我最早的種植經驗。」彥儒說。他是在臺北工作十年以上的頂尖業務，眼看爸媽年紀大了，決定回家務農成為別人口中「穿PRADA的農夫」，一開始跟著爸媽參加各種市集擺攤，接著做宅配業務，從臺北熟人圈開始。客人提出自己沒有種的就去跟別的農夫訂，把農產品宅配做成客訂精品般的業務，大獲好評。

幾年下來，與爸媽培養工作默契、與青農交流支援，彥儒不再只有小花園經驗。「有一次PO文只收成三顆火龍果，居然也有人說要訂。」彥儒笑說，他直接回覆自己家也要吃。雖是小事，但這是以前做頂尖業務，沒辦法做到的自在。

①光復自然田（MAP 光復－11）
電話：0936－550－827
預約體驗或農事交流，請聯絡劉小雁。

②彌勒果園（MAP 瑞穗－16）
地址：瑞穗鄉瑞穗村中正北路一段64號
電話：03－887－2175。0922－787－969（黃彥儒）

國曆四月五日

清明

氣候清爽，植物萌芽成長

地瓜

《本草求原》記載地瓜能「寬腸胃，通便秘，去宿瘀臟毒，舒筋絡。」新城鄉臺九線上常見碳烤番薯攤，因為這裡是花蓮地瓜主要生產地。海岸砂質土不易種植作物，卻特別適合地瓜，最具花蓮特色的是紫心芋仔地瓜。

無毒栽培的林聰明地瓜園，每年四月會開放二三分地，供預約採地瓜、焢窯體驗，順便傳遞地瓜生長故事。

林聰明地瓜園

地點：臺九線 188 公里處

手機：0972－157133

04/06

清香草仔粿

〔鳳林吉安花蓮市　傳統市場〕

清明是二十四節氣裡，唯一也是節慶的日子。漢人傳統要掃墓，祭品裡會有草仔粿。客家人說：清明前後吃草仔粿，夏天不會生膿瘡。閩南人說：掃墓時分些草仔粿給別人，家族會興旺。

各地草仔粿有不同材料：中國北方用艾蒿葉和麵粉，或是用鼠鞠草和糯米。中國南方用艾草和糯米，內餡包花生芝麻白糖。

平埔族也做，在富里鄉看過還有婦女，用艾草和糯米，以兩片十字交疊的月桃葉垂直摺成長方形，內餡包炒熟的菜脯肉塊等。

花蓮最常買到的是客家人做的艾草粿，剛蒸熟散發的艾草清香。據說艾草有止咳、化痰、降壓的效果，清明節前後艾草最鮮嫩，正是當令。

各地傳統市場

鳳林鎮中正路二段的傳統早市、花蓮市化道路的美崙早市、吉安鄉中華路的黃昏市場，都有賣。

04/07

背一公斤的旅行

〔壽豐鄉　豐田五味屋〕

五味屋很好找，在豐田車站旁的「風鼓斗」建築，週末營業。

日本東京都ＪＲ線也有一個「豐田站」，十足日本味。豐田是日治時期三個官營移民村之一，當時比壽豐站還熱鬧。二〇〇六年牛犁社區交流協會與東華大學顧瑜君老師團隊合作，為社區孩子建置一個立足點，在這裡一邊做功課、一邊學二手買賣。

「該怎麼整理、分類、標價？」交給孩子們的角度與眼光。「拿什麼來賣？」來自四面八方的捐贈，通通可賣。五味屋孩子是老闆，也會想要買啊！孩子們可以使用阿美族的Mipaliw（米粑流）「傳統換工」方式交換商品，五味屋有一張詳列換工項目的表單，例如「幫忙老人送餐三次」之類，或是孩子自己提議要做什麼交換。

偶爾會看到旅人背著行囊走進來交出「一公斤」的好物，或是某公司團體送來整批新貨。旅人要有心理準備，回去時可能行囊又滿了，因為五味屋裡，都是孩子們打理得非常好之「五花八門價格美麗」好物啊！

①五味屋
(MAP 壽豐－20)
地址：壽豐鄉豐山村站前街 34 號
電話：03－865－6922
寒暑假平日也營業，會另行公告。

②壽豐印象門市
(MAP 壽豐－17)
地址：壽豐鄉壽豐路一段 77 號
電話：03－865－3898

04/08

人氣農夫南瓜採收大隊

〔壽豐鄉　壽豐印象〕

「是有幾甲地的南瓜田啊！要這麼多人？」停車問路的人聽說眼前這五十多人要去採南瓜，驚訝地脫口而出。

壽豐印象負責人盧紀燁，有六分南瓜園，經過四年的無毒種植，逐年大豐收。

「從第一年我不灑農藥，我爸大罵這樣能長出南瓜才有鬼，到現在我還在與他爭吵。」小盧現在是東華博士生，但爸爸的農夫經驗比他資深，堅持無農藥要擺平家族，成為他最大的功課。

現在他銷售的農作物，有百分之八十來自全臺百大農青朋友。「農夫自己賣」是責任，這是小盧的堅持。

04/09

春天來喝茶

〔瑞穗鄉　吉林茶園〕

吉林茶園的第四代瑋翔，畢業後就回鄉參與家族的茶產業，逐步改以自然栽培。「雖然機器採收快速，但價格低，產量也比不過大型茶園。」瑋翔爸爸是資深茶農，要讓爸爸信服，得憑真本事。

實行有機栽種的農法、熟練烘茶技術、規劃包裝行銷，一整套都完成後，瑋翔才逐步得到爸爸授權，擴大自然農法栽培面積。接著他租下臺九線的店面，吧檯工作也難不倒，「就是不斷學習啊！」

也許先天遺傳了阿美族媽媽的樂天性格，他可以早上騎摩托車從縱谷橫跨到海邊來回，然後很有元氣地烘茶。烘茶不輕鬆，得分段處理、隨時觀察，一整天甚至到深夜才收工回家。

「春茶水分充裕香氣好，冬茶孕育期長香氣厚實，各有優點。」瑋翔也規劃採製茶體驗行程，樂於邀請四方年輕人來玩，對他來說，似乎沒什麼叫累的。

①吉林茶園小教室（MAP 瑞穗－17）
地址：瑞穗鄉舞鶴村中正南路二段74－4號
電話：03－887－1463
體驗課程須預約，詳情請洽詢。

②花東菜市集（MAP 吉安－22）
地址：吉安鄉稻香路32號1樓
電話：03－853－2345

04/10

藝術授粉計劃

〔吉安鄉 花東菜市集〕

花東菜市集，兩個年輕兄弟一起回家鄉創業做「在地食材銷售平臺」，這得靠一股傻勁，因為他們不是農夫，得讓農夫與消費者都相信他們，才能牽上兩邊的手。

放眼花蓮街上數不完的紅珊瑚藝品店、遊覽車一輛輛走馬看花。這些，與花蓮這片土地有沒有關聯？真相是，花蓮以農業為主，生活在花蓮人人幾乎都有農夫親友。小農辛苦收成賣不賣得掉？影響著整體花蓮的生活品質。

人們擔心食安問題，但少有管道「知道你吃的從哪裡來？」習慣吃天然食物才會知道「食品不是食物」，這不是概念性的解說就行，得要行動體驗。旅遊業成為花蓮主力，可不可以與農業有些關係？

花東菜市集負責人彭昱融想，網路銷售外，還有沒有串連農夫與消費者的方式。於是在二〇一五年主辦「藝術授粉計劃」，把五位年輕藝術家「丟」到農家，接觸觀察，年輕藝術家很有感觸，成果超豐富，有壓克力畫、透光窗畫、平面插畫、立體書，在臺北與花蓮辦展覽，同時介紹花蓮農夫與產品。「明年想要募款，繼續辦下去！」彭昱融看到授粉後的花朵，不繼續開太可惜了。

04/11

梅子採收

〔鳳林鎮　美菊園〕

初見到美菊園的梅子樹必會驚呼：「梅樹不是應該……越冷越開花，或是枝幹很堅忍地往上，怎麼會伸展得像一顆球，都快垂到地上了？」

「梅子樹開心啊！」廖美菊老師回答得妙，「一月開花時，比現在的梅子數量多三倍吧！那時是一球白雪。」看似靜止的植物，一直隨著環境與時間轉變。

廖老師從花中退休後，仍持續陪伴花中生物資優生研習，「我帶他們與大自然學習，在真實中體驗觀察，有其規律也有其變化，不能只待在室內讀書背知識。」老師能做到這樣，這也是居住花蓮的優點之一吧！

①美菊園（MAP 鳳林－19）
電話：0912－225－401（廖美菊）
梅子採收體驗活動在四月果熟時進行最恰當，行程須預約，請洽詢。

②梅子專賣店＿梅珍香（MAP 花蓮市－23）
地址：花蓮市公園路 1 號
電話：03－832－3528

04/12

買好梅子

〔花蓮市　梅珍香〕

花蓮傳統市場裡，只要看到大堆整籃的梅子，便是提醒大家，春天來了。

飯裡放一顆，泡熱茶一杯，想到梅子醋就吞口水。相較於日本人養生只吃鹹梅一味，臺灣把梅子當零食口味五花八門，你吃過幾種口味的梅子？

花蓮有間經營六十年以上的梅子專賣店，口味曾經超過百種，現在市場需求沒有以前多，仍持續製作五十多種口味。吳老闆自己創立的餐飲設備生意興盛，但仍持續經營媽媽創立的梅子店，於是每到梅子產季，吳老闆就會失蹤一段時間，為了要親手製梅子。傳統製梅無人工添加物，製作工序多時間長，然而比工廠加工的味道要來得細膩豐富，五十多種口味就是這樣來的。

人們與季節環境相依，花蓮鄉下長大的小孩多半有春天採梅子的記憶。花蓮人熱衷於春天製梅、品梅，成為一種生活習慣，不浪費當令美味，也留下很多美好記憶。

富興里拔哈（LiPaHaK）生態農場（MAP 瑞穗－18）
地點：瑞穗鄉富興社區
電話：0926－652－873（賴萌宏）
農場可「以工換宿」，歡迎來農場學習；體驗「孩童的遊樂場，大人的糧倉」，生態共存的農場生活。

04/13

只紀錄不補捉的生態農場

〔瑞穗鄉　富興里拔哈（LiPaHaK）生態農場〕

在遠離產地的有機店消費，需要有機檢驗做保證，其實只是權宜辦法。簡單說，維持「萬物都能活的環境」，才是永續的有機。

無農藥的年代，田野河流是孩童的遊樂場、是大人取食的糧倉，也是水鳥昆蟲的。現在用農藥毒死水鳥昆蟲也荼毒到土壤與水源，於是我們吃的食物含有農藥，孩子也沒了遊樂場。

富興里拔哈（LiPaHaK）生態農場的負責者賴萌宏，他與社區十九個人一起向臺糖租六公頃地，畫分三個區塊：私田、公田、棲地。以保護生態、萬物共生為原則，不使用農藥化肥、不捕毒野生動物，二〇一四年通過慈心有機轉型驗證。

公田是與東華大學、農業改良場、林務局產官學三方合作的實驗田區，東華師生教導農夫進行田間生態紀錄，嘗試以運用天敵、圍網等溫和方式保護作物。今年賴萌宏說服眾人擴大承租社區周圍的棲地，每年一期作，其他時間保留濕地樣貌，讓冬夏候鳥抵臺時有棲地可住。期望有一天，物種多樣性的有機農業環境，也就是「萬物都能活的環境」，能成為有機認證的一種方式。

洄瀾風生態團隊（MAP 花蓮市－37）
地址：花蓮市國民一街14號
電話：03－833－3626

黑潮海洋文教基金會（MAP 花蓮市－38）
地址：花蓮市中美路81號
電話：03－824－6700

生態觀察體驗行程須預約，淨灘行動日期請事先洽詢。

04/14

關心寄居蟹硬殼的柔軟心

〔花蓮市　洄瀾風與黑潮海洋文教基金會〕

這得靠想像了：約半世紀前的花蓮市南北濱公園沿海，有珊瑚礁、海膽、螺貝類、螃蟹、寄居蟹……長年受到溪流切割、颱風巨浪侵蝕，這段海岸非常緩慢地向內陸凹陷，一九三一年日治時期開築花蓮港後加快速度，人們的對應方式是在海岸擺滿消波塊。人不容易再親近海，也就看不到沿岸堆積飄流來的大小塑膠垃圾。

黑潮海洋文教基金會的志工，每月默默在花蓮美崙溪出海口北濱公園一帶淨灘，維護沿岸生態環境。洄瀾風生態團隊，與民生社區發展協會合作，持續在這一帶以導覽解說、生態體驗營隊方式，推動環境教育。

黑潮與洄瀾風，對生態環境現況知道得比一般人多，很慶幸這裡還看得到寄居蟹！寄居蟹的英文名Hermit Crabs，Hermit是隱士，遇到危機就馬上躲進殼裡。但牠自己沒有硬殼，得尋找螺類的殼住。聽說其他地方的寄居蟹找不到螺殼，改住塑膠蓋。

「幸好花蓮的整條海岸線，都還找得到寄居蟹。」他們說，希望更多人維護，環境不能再惡化，也不能放棄。

①水璉溪出海口 (MAP 壽豐－02)
水璉至磯崎間的牛山自然保護區，為花東沿海五處自然保護區之一。

②牛山蠕動小階 (MAP 壽豐－03)
臺十一線往南抵達水璉，約27公里處附近，沿牛山指標下坡往海邊，蠕動小階在右邊很容易辨別。

04/15

海岸山脈百合花季

〔壽豐鄉　水璉海邊〕

約半世紀前的花蓮市南北濱公園沿海，海灘上有濱海植物林相，最前方是蔓性草本的紫色花濱刀豆、黃色花濱釭豆、紫紅色花馬鞍藤，然後是低矮的灌木林投、黃槿，後端是較高的榕樹。春天時沿岸會開滿百合花，鄰近的花蓮女中校園裡也曾開過百合花，或許如此，花蓮女中的校友會稱為「百合會」。

有一位老師說，她對花蓮的百合花印象深刻。小學四年級時跟同學相約探望生病的老師，同學抱著好大一束百合花，說是在家附近海邊採的。另一個深刻印象，是剛大學畢業在水璉教書時。一天從學校穿堂遙望步行距離有十五分鐘遠的水璉溪出海口旁綠色山丘，疑惑地問學生，「怎麼山坡上，這麼多白色塑膠袋還是衛生紙啊？」學生笑她：「老師，那是百合花啦！」

現在的春天，花蓮市北濱公園當然看不到百合。還好，水璉的河谷地形完整而獨立，牛山植物群像豐富，幾乎保留東部海岸植物林相的縮影，近年已列入臺灣沿海保護區計劃。希望每年春天時，水璉綠色山丘上永遠都會出現雪白的臺灣百合花。

04/16

可愛的蠕動小階

〔壽豐鄉　水璉牛山呼庭〕

水璉南方的牛山，阿美族語為Huting，大片草地的意思。站在海邊往右瞧，山丘像迷你梯田，這是臺灣本島僅有的「蠕動小階」地形。海岸山脈一直長高，這裡往上隆起，風化坡地的土壤較易鬆動；因為重力的關係緩緩往下沉，於是每年約有零點幾公分向下移動的變化，便形成一層層像米其林輪胎的肚子。

小階是天然成形，非人工開鑿的步道，有幾處很窄，做地質觀察得往上走時，懼高的人容易眼花。但一步步往前移動到半坡轉個彎，就置身「海角一樂園」了。

04/17-04/18

自創產業，來家作客

〔瑞穗鄉　拔仔庄〕

富源火車站，乾淨也安靜，有種踏進別人家客廳的感覺。前方富源街上沒什麼車輛，婦孺自在步行穿梭。這裡是去富源森林遊樂區的必經車站，但若非假日，遊客不多，若不認識在地朋友，一個人走著會有點害羞，因為村子裡的人都知道，你是外地人。

提到瑞穗的鼓王爭霸戰，應該就不陌生了。富源村就是瑞穗鄉全國性鼓王擂臺賽的發源地—富安宮所在村子。

富源村、富民村、富興村三村又名拔仔庄。拔仔庄位處馬蘭鉤溪沖積扇平原，土壤肥沃，曾擁有臺灣最大的樟樹森林，早在一百二十多年前就已開發，比瑞穗市區還早。日治時期最早是伐木與製油產業，後期增加蔗糖產業，聚集的人更多，產業陸續沒落後，人口隨著流失。其中的客家庄富源村，約三百戶人口不到千人，實際居住約只五百人。

但這裡有很多樂觀的媽媽們，連村長都是女性，大家熱愛拔仔庄，打理得乾乾淨淨，近年得到媽媽環保基金會評選為「全國最乾淨的社區」。沒有產業就自己創造，近年在協會夥伴的合作下，有了三個自創產業，雖然都小小的，大家忙得很起勁。

社區的活力聚集，最早是從二十多年前

林興華老師教阿嬤染布畫畫，阿嬤的畫意外受歡迎，被邀請到外地辦展覽。成為第一個產業「靚染工坊」，教人染布體驗，還能在各個節慶推出客家美食，供居民與外地團購。第二個產業是火車站旁的「常民文化館」，平時是照顧在地老人的日托所，媽媽們在假日推出特色餐供旅人品嘗。第三個產業拓展到臺九線，結合有機地瓜與饅頭的「丩丫包子」，賣給沒進來村子的旅人。要安排一二天行程，媽媽們也行，帶你去水圳騎單車、到學校練打鼓。

現在放心了吧？媽媽們把村子打理得像自家一樣乾淨，你就當是作客。去找客家媽媽們當朋友，就能吃香喝辣玩透透。

富源社區發展協會（MAP 瑞穗－10）

地址：瑞穗鄉富源村十鄰學士路 31 號

電話：03－881－1985

可預約一至二天體驗行程，染布體驗、水圳自行車道體驗、擊鼓練習、品嘗客家特色餐等。

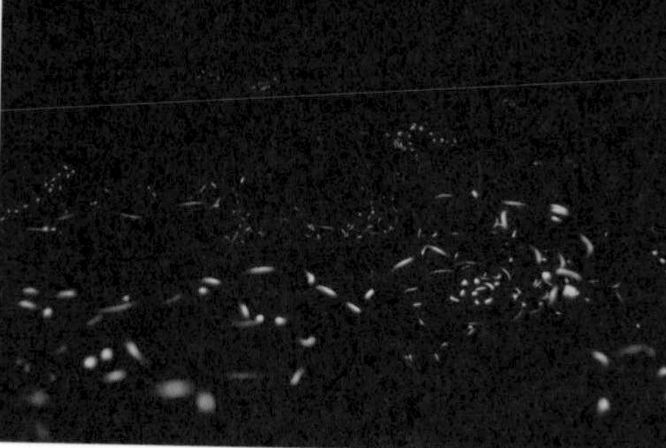

04/19

螢火星光秘境

〔壽豐鄉　鯉魚潭〕

三月底至五月初從都市來的人，務必要安排晚上走一趟鯉魚潭。站在步道，關起手電筒靜待一會兒，眼睛適應黑暗後，無數螢火蟲飛舞，像畫筆隨意畫出的光線。若當天運氣好，螢火蟲大出，會產生空間在晃動的錯覺。這時仰望天空，看到真正的星星安穩地在遙遠天際，反而讓人感到熟悉。

據說近年光復大農大富平地森林的螢火蟲，爆多到五十萬隻。推薦鯉魚潭與白鮑溪畔，是較易抵達、數量穩定的賞螢地點。鯉魚潭位於壽豐鄉池南村鯉魚山腳下，距花蓮市僅十八公里。賞螢時不開手電筒，所以得慢慢走，靜默無語，螢火蟲才願意在你眼前跳舞。在生態豐富的白鮑溪旁賞螢，聞到的香氣是月桃花開。在鯉魚湖畔單車步道一路欣賞螢火蟲，偶爾風吹水聲潑潑。螢光點點相伴，是清爽愉悅的夜間行程。

鯉魚潭賞遊客中心
(MAP 壽豐－04)
地址：壽豐鄉池南村環潭北路 100 號
電話：03－864－1691
每年賞螢季節林管處會規劃導覽活動，約三月底至五月初，期間安排每週五、六晚間賞螢導覽。採網路報名，請事先洽詢。

梅子

花蓮人總是在春天，談梅子、料理梅子、品嘗梅子，要忘記「春天有梅子」這件事情都好難！

臺灣的梅子在三月下旬採收綠梅製成脆梅，到五月就熟透變黃綠色製成軟梅，或釀梅醋、梅酒、果醬等。梅子雖然吃起來是酸的，卻是道地天然鹼性，多吃梅子能平衡人體酸鹼值，真是好吃又健身的食物。

花蓮市重慶市場
地點：花蓮市中山路與和平路之間的重慶路兩側。

走遍部落說故事

〔萬榮鄉　早療協會〕

04/21-04/22

萬榮鄉在哪裡？夾在縱谷幾個鄉鎮與中央山脈間。太魯閣族人在日治時期被迫遷離山區，除秀林鄉平地，沿著火車路線一路被放置在萬榮、卓溪等鄉。倚靠中央山脈長型的萬榮鄉，可說是因日治時期「集團移住」而形成的鄉，有西林、見晴、萬榮、明利、馬遠、紅葉六村，除馬遠村有布農族，絕大多數是太魯閣族，有名景點「林田山」，是日治時期臺灣第四大林場，才有較多因林業移居的閩客人。

林乃馨的先生出生在林田山，三年多前她從臺中搬回萬榮鄉，是為了幫早療協會設立中區據點。萬榮鄉少少六千多人，幅員卻很大，乃馨每天上午輪流到各村說故事、做訪視，下午要算好時間趕回西林村據點，照顧來安親的孩子。

乃馨笑著說：「這裡安親不管功課的。」她管的是心靈滋養，「在村子遇到發展遲緩的孩子，就請家人讓他到協會來，孩子的學習需要互動刺激，通常一段時間後孩子就會表達了。」不止孩子，她也疼惜大人，「有些未成年小媽媽帶孩子來，自己看到繪本好高興，一直翻讀忘了孩子，像是要補足童年沒有的。」

她一點也不擔心別人問：「萬榮鄉在哪裡？」陸續成功邀請到幾位很棒的藝術治療師、繪本創作者，持續做至少四個月的陪伴。在協會小空間裡為孩子辦畫展、每週三晚上放映電影、寒暑假二手衣物拍賣。

有東華心理系同學來實習服務、有各地人來做志工服務，「不覺得要訓練志工很辛苦，早療的孩子需要真誠的人陪伴，多一個人就多一個關心。」乃馨笑說自己很適合部落，活在當下、充滿彈性。其實她是充滿了愛，只要能照顧到需要的人。

中華民國發展遲緩兒童早期療育協會萬榮據點
(MAP 萬榮一05)
地址：萬榮鄉西林村西林 77 號
電話：03－877－2529
歡迎報名志工服務、二手物捐贈。

04/23-04/24

讓每一位村人都被看到

〔富里鄉　羅山村月荷塘〕

月荷塘一家人，每天從落地窗看出去的景象，是約二十公頃的大舞臺，時常更換劇碼。這個季節田間綠油油，與羅山綠林深深淺淺融入，等待夏天來時整片稻穗變金黃色，就是豐收時刻。

二〇〇二年，臺灣開啟推動有機農村計劃，至目前有十四個有機村，羅山村是第一個。

「羅山村給人的印象是有機水稻田與泥火山豆腐，其實這裡的平日生活，媽媽們做更多的，是各種好吃的醃菜！」月荷塘女主人冷孟臻，以前總是鼓勵村人一起創造新物，幾年後漸漸發現這裡原本就有的豐富，才獨特。

月荷塘一直是外地旅人要進羅山村的媒介平臺，二〇一三年冷孟臻接下羅山社區發展協會理事長的職位後，把更多村裡的人輪流推介出去。「有時媒體朋友會覺得，怎麼推薦的人不有名啊？但我看到芭樂阿嬤開心地一直請大家吃芭樂，還熱心泡咖啡，就覺得這樣很對！」冷孟臻說：「還有賣辣椒的阿和，問人說：你要買八百顆還是一千顆？買的人以為他開玩笑，他真的很誠實地用算的。」

讓訪客接觸到羅山村人的真實生活，吃到用心做的獨門醃菜，訪客也是心滿滿地笑著離開。「每個長者被媒體介紹時都好開心，這才是我們最想要的，不是很好玩嗎？」冷孟臻從前當國外導遊，搬到鄉村也一樣玩得很熱鬧。

羅山村有田園景觀、有自然湧泉噴出的泥火山、有海岸山脈斷層的羅山瀑布，強烈建議清晨在羅山村起床。冷孟臻說，走到上端的羅山瀑布，坐下來拿出預先準備好的飯團輕食就地野餐，看書休息，一個上午或下午待在山上，寧靜舒暢……沿路與村民東拉西扯閒聊，也很有意思喔！你不是坐車來做完豆腐體驗就走人，你是走在，真實的羅山村生活。

月荷塘鄉村民宿（MAP 富里－12）
地址：富里鄉羅山村東湖53號
電話：03－882－1811

04/25

讓祖先的聲音被聽見

〔卓溪鄉　一串小米獨立出版〕

初次得知有位布農族年輕詩人沙力浪，回到家鄉卓溪開設原住民專題書店、成立族語獨立出版社，便決定要去拜訪，在花蓮十多年間只去過二次的卓溪鄉。

「應該沒有人會隨意逛到這裡的書店吧？」沙力浪聽到這問題，以一貫含蓄的笑容回應。「對啊！我想會來的人，都是專程來的。」研究所老師鼓勵他撐個十年，讓更多年輕族人有回到母體文化的機會。

沙力浪雖然不知道能否做到十年，但在大學時第一次寫詩〈笛娜的話〉，他就知道那是召喚。笛娜（Tina）是媽媽，想回家陪伴年老的媽媽，想進行的工作是族語出版，含蓄的他都踏實地做到。

布農族散布幅員很廣，現存五大社有多語言現象，卓溪鄉的巒社群宇郡社群，語言就稍有差異。沙力浪是少數使用母語的年輕人，展開族語紀錄傳承工作比他想像中困難，「老人家的語言更深奧，我得花更多時間學習。」沙力浪說，當族人離開山林狩獵、失去小米種植文化，語言成為傳承很重要的方式，「讓祖先的聲音被聽見。耆老們用有形的與無形的傳統知識、族群文化將我們綁在一起，形成一串串的小米。」

①一串小米獨立出版（書店）（MAP 卓溪－07）
地址：卓溪鄉太平村中興 28 號

②玉山國家公園南安遊客中心（MAP 卓溪－01）
地址：卓溪鄉卓清村清水 83－3 號
電話：03－888－7560

04/26

小野溪迸出的南安瀑布

〔卓溪鄉　南安瀑布〕

卓溪人都去哪裡玩呢？「我們都在自己家附近跑來跑去啊！」布農族詩人沙力浪想了幾秒回答。是啊！卓溪鄉百分之九十五是山林，以布農族為主的聚落，在少少的河谷平原上勤奮地種植自給自足的作物。田邊、林間，是這裡孩子的遊樂場。

聽說，卓溪鄉舊名「乾溪」（Takkei），因為中央山脈山勢陡峭，這裡的溪流唯有大雨滂沱時才有豐沛的水。

還有哪裡可以玩呢？不死心得到的答案，「南安瀑布吧！」沙力浪又想了幾秒後答。南安瀑布位於卓溪鄉中間的村落卓溪村，是一條小野溪，流經山坳時不斷沖擊岩層，不知幾百萬年前沖破岩壁後，落下壁崖形成五十公尺長的垂簾瀑布。力道不小的瀑布形成兩公尺的潭坑，野溪下來後，流向拉庫拉庫溪。

從南安遊客中心開車，走臺三十線省道順著拉庫拉庫溪畔，約兩公里抵達，再進去就是瓦拉米步道。

04/27-04/28

野蕨森林

〔卓溪鄉　瓦拉米步道〕

瓦拉米步道沿用日治時期八通關越嶺道東段的一部分，由入口抵達山屋全長約十四公里，建議前一晚在玉里過夜，隔天清晨出發。沿著拉庫拉庫溪畔平緩前進，一般人均可輕鬆從步道口走一・七公里至山風瀑布，途經二座吊橋，芬多精已可好好舒暢身心。走到四・五公里處，會抵達設備齊全的「佳心」免費露營區，有很好的展望點，俯瞰一路相伴的拉庫拉庫溪壯闊溪谷景象。不過夜的人，可攜帶食物享用休息後再走回程，是非常宜人的一日健行安排。

接下來的後段路，需要日前辦妥入山申請。再步行九公里後，會抵達山友口中的五星級美麗山屋，太陽能發電的「瓦拉米山屋」，夜宿山屋也需要事前申請。這段沿途會多一些陡坡，偶有斷崖窄道，有三座吊橋，雖然資料上都說適合中級登山經驗的山友，但曾帶著幼稚園的孩子走過，孩子只要常在大自然裡打滾，皆不成問題。

這一段是生態保護區及山地經常管制區，雖然被稱為「野生動物天堂」，但因為瓦拉米步道常常有人走動，白日少見野生動物。沿路景致比較像是踏入野蕨森林，

瓦拉米步道（MAP 卓溪－02）

佳心之後的路段，請先申請：向玉山國家公園管理處辦理「入園許可」，可同時申請住山屋。向警政署網站或各地分局申請「入山許可」。

目前安南地區沒有大眾運輸工具可前往，需開車從臺九線到達玉里，後接臺三十線（玉長公路），在6公里處停車步行到0公里處，就是步道的起點。

「瓦拉米」就是布農族語的蕨類。沿途腎蕨、鳳尾蕨等菜蕨夾道，鳥巢蕨、崖薑蕨、蛇木、桫欏等樹蕨蔓生。走在大型樹蕨下，會有種來到巨人國的錯覺，野蕨種類豐盛，陽光下透得像玉，常看著就忘了繼續前行。

環境較陰濕，春夏天十分涼爽，綠意甚濃。夜晚觀星、清晨觀日，山屋周圍植滿梅樹櫻樹，山谷在朝陽映照染成金黃。深深覺得，大自然的美，才是瓦拉米山屋成為五星級的主因。

04/29-04/30

布農族射耳祭

〔卓溪鄉　卓溪國小〕

射耳祭是布農族最重要的祭儀，布農語稱Malahodaigian，意思是「射鹿耳」。鹿非常靈敏，如果能射到鹿耳，表示其他動物也能射中，所以布農族人會以射擊鹿耳來祈求農作及狩獵豐收。

從前農閒季節，男人就要去狩獵補充家人食物。那時各家族散居山頭，部落會生起火堆施放狼煙傳遞訊息，通告各個家族男人「可以開始狩獵了」，稱為Bisdibu。傳統獵人狩獵不能隨意單獨行動，要經過耆老的同意，集體出發與回來，舉行祭槍儀式，唱祭槍歌（Pislahi）。吟唱對布農族來說，是一種重要的訊息傳達，獵人們上山數天後帶著獵物回來，會在三四百公尺外就高聲吟唱傳訊歌（Maci lumah），開心地跟家族傳達，「我要回家了！」獵人們回部落後，就舉行「射耳祭」互報戰功。婦女取出釀造的酒，大家分享狩獵的食物，和唱八部合音以為慶祝。

二〇一五年是布農族「大分事件」百年，耆老們決定以「百週年紀念」為今年射耳祭主題，鳴槍二十三響悼念傷亡的二十三位祖靈。上百名布農族人，一起為祖靈獻唱八部合音。

從前深居中央山脈時，布農族獵人就像鹿一樣如履平地飛快來去。布農族人也會帶著獵槍，引導日本警察或學者理解臺灣的山岳路徑，但是當日本政府強制沒收布農族賴以維生的獵槍，引發居住在大分山區的布農族人強烈抗爭，一九一五年五月十七日燒毀警官駐在所，殺死十二名日籍警察，史稱大分事件。接著日本人強制「集團移住」，將世居各山頭的布農族人迫遷到以卓溪鄉為主的平地，這是布農族最後一次大規模遷徙。

在玉山國家公園擔任保育巡察員多年資歷的林淵源，是卓溪鄉布農族耆老。他在大分事件百週年的二〇一五年，帶著十多位族人上山回到大分。有的年輕人是初次上山來到祖先居住地，由前輩教導吟唱給祖先聽，一一報告是來自哪一個氏族的後代。祖靈與自然神靈，都是被深深尊重的。

卓溪鄉 卓溪國小

地點：卓溪鄉卓溪村卓溪國小

卓溪鄉中正村的射耳祭百年來從未中斷，二〇一五年為「大分事件」百週年紀念，又重新恢復中斷已久的施放狼煙。

國曆五月六日
立夏
雨量多，農作物生長

國曆五月二十一日
小滿
作物結果漸豐，但尚未成熟

春。五月 要好好結果喔！

立夏在臺灣，還是春天喔！而且充滿活力朝氣，此時正適值雨水增多可滋養萬物、作物結果。五月，很有大地之母的特質。

大自然滋養人類生命，而人類生命的照顧者首推女性。照護討海人的媽祖生日（農曆三月二十三）約在五月，國際母親節也訂定在五月第二個週日，是根據美國倡導者安娜（Ana Jarvis）的母親生日設立。

花蓮有不少女性做著喜愛的工作，非常在意「成就多少」，希望如立夏的雨水，盡可能滋潤到更廣更遠。

花蓮市的商業活動較熱絡，很多女生的好生意都在巷弄間，持續溫暖發生著。書寫著一個個女生的工作故事，覺得像一隻隻蝴蝶，薄弱的翅翼卻很有能量，風和日麗或大風吹起，都奮力震動著，不確定飛行是否順利，卻清楚明白前行的方向。

土地與女性的特質不是收斂，而是盡可能地孕育、期待果實發光發熱。

每週三
市集

05/01-05/02

山坳臺地上種出的聚落

〔秀林鄉　西寶農場〕

最初是富世國小分校、一九九六年獨立的西寶實驗學校，是太魯閣國家公園內唯一的森林小學，二〇〇三年改建完成後，獲得專業建築雜誌評選為年度最佳建築獎，從此聲名大噪。無圍牆的美麗森林小學，常有遊客參訪；鄰近的孩子來就學，也吸引外地家長送孩子上山住校。

不可能只有一個國小矗立山坳臺地上吧？留意觀看，原來有農場！這裡也是全臺第一個由國家公園輔導有機農業的西寶聚落。

西寶曾是太魯閣族的部落之一，日治時期被集體迫遷下山。一九五七年中橫公路拓寬工程期間，榮民在大禹嶺到谷園一帶開闢幾處農地種蔬果，便於食材供應。後來一些榮民與太魯閣族女子結婚定居，有了新的西寶聚落，但山居生活不易，第二代又紛紛下山營生。

曾經出走又回家的榮民第二代陳新珠，與先生一起回來務農。十多年前兼任社區協會秘書時，接到一紙社區營造的公文後，開始學習寫案子與公部門申請經費，作文史紀錄與社區營造。邀請各領域講師到西寶上課，擔心講師不來，總是很熱情地說：

「我可以去花蓮市接你！」少少七戶人家一起上課共同思考西寶的未來：山坡上作物產量有限如何建立口碑與市場？如何留下旅人、增加社區收益？二〇一〇年接受太管處委託慈心基金會輔導農民轉用有機農法種植，轉型得很有毅力，山豬咬高麗菜、獼猴丟青椒屢見不鮮，生氣又灰心時發現，收成變少收入卻不減。接著連農夫也逐漸不習慣農藥味，大家才真實體驗到改變。

農夫很忙，還要一邊學習文化導覽與帶領農事體驗，常感心有餘力不足。民宿經營很容易沮喪，小屋改為民宿餐廳，擔心客人抱怨不夠舒適。新珠偶然聽到第四次來打工換宿的波蘭人彼得說：最近壓力很大，來這裡很紓壓。新珠轉念，「做農種菜有時不是工作，是療養。」走進大自然裡，放下緊張就進入療癒。

發現自己也是被家鄉療癒，現在生活裡最開心的，就是一起長大的大家，還能聚在一起。

西寶農場 (MAP 秀林一19)

地點：天祥過後，經過令人印象深刻的迴頭灣（地名），再一段路就到西寶，約162公里處。

05/03-05/04

杜鵑花季

〔秀林鄉　合歡山群〕

如何形容住在花蓮的幸運呢？

理由之一，中橫公路（臺八線）四小時內就上到合歡山群。

合歡山四季各有景色。五六月高山的盛事之一，是欣賞臺灣特有種的高山杜鵑。每年四五月起，在海拔約二千五百公尺的大禹嶺附近看見玉山杜鵑花開，就知道天氣回暖，無數花朵即將陸續往較高海拔蔓延又蔓延。

玉山杜鵑別名紅星杜鵑、森氏杜鵑，是臺灣分布海拔最高的杜鵑，石門山、合歡主峰、合歡東峰、合歡尖山等，都將有玉山杜鵑花海綻放，五月合歡山群峰都會見到她的美麗。在容易親近的合歡東峰花開得最盛大，人人都可以來盡情讚嘆。

她們能開得如此盛大，真的很不容易。玉山杜鵑的花朵粉嫩柔細，都是一簇簇綻開，然而請仔細觀察她們的後臺—葉片質地厚硬、表面有臘質、邊緣反捲，枝幹粗壯往低處延伸。這些，都是為了減少水分蒸發、承受冬天高山強風吹襲以及厚重積雪。花朵含苞近半年等待氣溫回升，我們才得見，在藍天與箭竹的襯映下，一簇簇粉白、淡紅的杜鵑花。

玉山杜鵑 (MAP 秀林－05)
地點：石門山、合歡主峰、合歡東峰、合歡尖山。

紅毛杜鵑
地點：合歡北峰。

松雪樓外是最佳觀日出景點，一大清早走出松雪樓，日出就在眼前。附近的合歡尖山、合歡東峰都有玉山杜鵑可賞。石門山推薦給一般旅人，因為單程約二十分鐘就登頂，獲得一座「臺灣百岳」榮耀，不是很開心嗎？

緊接著玉山杜鵑花期之後，是花朵較小的紅毛杜鵑，主要分布在合歡北峰及臺十四甲公路沿線，花期可持續到六月中旬，也很值得期待！

姬望教會 (MAP 秀林—12)
地址：秀林鄉富世 182—1 號（臺八線約 188 公里處附近）
電話：03—861—2613

05/05

臺灣原住民的第一間教會

〔秀林鄉　太魯閣姬望紀念教會〕

富世村是秀林鄉面積最大村落，有多大？東臨太平洋西抵大禹嶺，太魯閣國家公園在裡面。居民以太魯閣族為主，山下臺八線沿路聚集日治時期從山上迫遷的各部落。約一八八公里處，靠山有一棟鑲嵌彩色玻璃與原石牆面的美麗教會，是臺灣原住民部落的第一間教會，紀念原住民第一位基督徒「基督教信仰之母」，姬望。

姬望原名芝苑，是太魯閣族頭目之女。一九一四年六月，臺灣總督府派軍隊進太魯閣，史稱的太魯閣戰役古戰場—巴托蘭戰線，太魯閣族勇士以兩千人對抗超過兩萬日軍，族人死傷慘重，姬望冒著危險到戰區勸阻，力求停戰保住太魯閣族血脈。

一九三六年日本人發起「皇民化運動」，鼓勵改姓日本姓氏、打壓臺灣宗教信仰，並發起建立一庄一神社。姬望不願切斷信仰傳承，又冒著生命危險躲在山洞裡繼續對族人傳教。一九四六年為了紀念她，族人在山洞旁興建紀念禮拜堂。倚山的教堂，一直守護被迫從山林遷移的族人血脈。

國曆五月六日

立夏

雨量多，農作物生長

苦瓜

夏季將臨，陽氣最盛的季節。天熱易上火，多吃點苦味的食物降火養心。

苦瓜是很早就被食用的野菜，能清熱瀉火、防衰老，豐富維生素C約是番茄三倍。花蓮有機農戶江玉寶種植山苦瓜超過十五年，改良山苦瓜的苦味，並研發苦瓜藤茶包，很受養生族歡迎。

江玉寶無毒農場

地址：壽豐鄉豐坪村三段9號

電話：03－865－2033

緩慢咖啡館—織布DIY體驗（MAP 萬榮－06）
地址：萬榮鄉紅葉村47－4號
電話：03－887－5158

05/07-05/08

賽德克人織布的意義

〔萬榮鄉　藝術家林介文〕

林介文擁有賽德克族與漢人血統，她是「在生活裡創作」的藝術家，非常熱情。每次回萬榮鄉紅葉村爸媽家，一定會去探望阿好Vuvu（阿嬤），一次Vuvu看到她剛剃光頭，笑說：「妳的頭（髮）跑去哪裡？這個孩子，怎麼什麼都要玩！」然後兩人相擁，九十多歲的阿好笑得跟介文一樣好看。介文要用自己與媽媽的頭髮創作，關於母親與編織。

一九一四年日本發動的太魯閣戰役、一九一五年布農族抗爭的大分事件、一九三〇年西部賽德克族的霧社事件，強化日本人展開迫遷，分化太魯閣族、賽德克族與布農族的行動。

太魯閣族人與賽德克族人，或走或搭火車離鄉，日軍為了要分散各部落力量，火車沿路停站時，刻意每個部落分別隨機抓幾個人下車，分批遷居秀林、萬榮、卓溪。環境血脈切斷，男人失去獵徑，女人背著走下山的織布機，成為與祖靈唯一聯繫。

「一個賽德克女人，用她們的一生織布，織給丈夫、織給小孩、織給孫女、織給自己……大膽鮮豔的色彩，摸起來粗粗的感覺，會留在家人的記憶裡。」這段文摘自

介文的書《嫁妝》，她從「發現自己阿嬤遺留的織布」開始寫起，並且跟著織女學織布。創作力強大的介文，號召約四十位散居各地的織女，共同為新城車站創作編織裝置藝術，接著籌拍紀錄片《我們在這裡》。

陸續有人專程前來紅葉村與阿好 Vuvu 買織布，但阿好只相信介文介紹的人。阿好 Vuvu 從未想停下織布，仍上山種苧麻、撚線、整經、織布，十多個繁瑣步驟，同住村裡的女兒成為必要幫手，現在牙齒不好的阿好 Vuvu 再沒辦法用嘴巴撚線。

從阿嬤的織布、一路連結出阿好 Vuvu 的織布、介文的織布。現在介文媽媽也接受預約，在自家咖啡館裡教織布ＤＩＹ。介文則是繼續用各種材質編織創作，凸顯傳統文化、表達自我感觸。她說：「我不想回到過去，我只是想更瞭解自己。」

05/09

愛女生布衛生棉

〔花蓮市　布布貼心工作室〕

沒想過會有「布衛生棉」吧！你應該更沒有想過，一片拋棄式衛生棉內含的塑膠高吸水材料，要五百年才能分解，照推算，拋棄式衛生棉發明是這一百年的事，那麼全世界第一片衛生棉如果沒燒掉造成空氣汙染，那根本還沒分解完呢！

回頭來看，布衛生棉，可重複使用二至四年很省錢，輕鬆能洗淨。拋棄式衛生棉有漂白、螢光、塑膠，和不可回收的汙染問題。為地球做一個小改變，還可以得到健康的大大回饋……

咳！看文字這般理直氣壯。因為使用布衛生棉後，「布布貼心」邱怡華說的種種好處，都體驗到了：透氣、不易生病、清洗時注意有無味道可檢視健康狀況。

怡華的本業是藝術與生命教育老師，在美國念書時接觸到布衛生棉，回國後免費設計版型給臺灣有機棉公司，讓臺灣女生也可在良善店家購買到有機棉質的布衛生棉。這幾年怡華也擠出時間與東華大學合作，指導學生後，成為進入社區教授婦女的種籽。

布衛生棉比較容易被年輕人接受，漂亮的花色在選購時心情也愉悅，逐漸地不會討厭月經。其實女生的子宮孕育生命，經血本來就不應該被嫌棄。這樣看來，也算是生命教育的一個環節，怡華並沒有不務正業喔！

①布布貼心（MAP 花蓮市－39）
地址：花蓮市明禮路六十七巷 1 號
電話：03－832－6436
布布貼心在花蓮市的「小一點洋行」可以買到。

②有的沒的二手雜貨鋪（MAP 花蓮市－40）
地址：花蓮市國富十七巷 72 號
電話：0929－593－151（瑞文，店鋪預約）。0929－041－863（阿銘，導遊預約）

05/10

二手雜貨請預約

〔花蓮市　有的沒的二手雜貨鋪〕

第一次見到小小個子的瑞文，會被她像鳥兒般脆亮的聲音吸引。到「有的沒的」店裡，則是被整理得極為好看的二手雜貨吸引。

臺北女孩嫁到高雄，第一次發現水要用買的、出門得戴口罩。瑞文感受到「不斷製造」導致廢煙廢水大量排放，進而產生這樣的生活環境……

如果人們減少購買，可以減緩製造。瑞文與先生阿銘搬到空氣很好的花蓮後，做起以二手物為主的生意，直到懷孕生子。

先生阿銘是風趣熱情的導遊，因為工作常常不在。小小個子總讓人覺得年紀還小的瑞文，很有魄力地決定現階段要以陪伴孩子為生活主軸，關上每天開門的二手物商店。二手物傳遞惜物的訊息，還是可以繼續—搬到自己家客廳，改以「預約制」經營。

臺灣很少雜貨鋪用預約制工作室型態經營，瑞文不太擔心，有把握能照顧到家與孩子、好好接待預約客人。多半是熟客，也有新客人好奇來趟探險之旅，但一定會成為熟客。

歡迎預約，家是不會倒的。

①慈天宮（MAP 花蓮市－06）
地址：花蓮市忠孝街 81 號

②Caffe Fiore 珈琲花（MAP 花蓮市－24）
地點：花蓮市忠孝街 78 號
電話：03－832－5172

05/11

農曆三月廿三，媽祖誕辰

花蓮最老媽祖廟

〔花蓮市　慈天宮〕

花蓮最早的媽祖廟，從一九四九年就存在，卻直到二〇〇六年才正式從北港朝天宮分靈，中間歷經地震倒塌、重建，定名「慈天宮」等。信徒從未改變對媽祖的信任與感情，老花蓮人暱稱為「老媽祖廟」。

原本為日本佛教日蓮宗的花蓮教所，在一九四九年由私人接手，改奉祀媽祖，成為花蓮第一間媽祖廟。花蓮後來新建的媽祖廟，多是從此分靈奉祀。平日進香人潮雖非鼎盛，但從不寂寞，氣氛也不嚴肅；每到深夜，廟埕前熱炒攤位的燈光亮起，就成了在地人才知的「深夜食堂」，炒飯炒麵、螺肉青菜，在媽祖的身邊，在地人吃得安心。

媽祖總是讓人有親切的感覺，連傳說也不例外。閩南俗諺「媽祖婆雨、大道公風」，傳說大道公追求媽祖不遂，從此成為歡喜冤家。今天媽祖生日，大道公會來潑水，因為農曆三月十五大道公生日時，媽祖也會施法，趁機吹掉祂的烏紗帽！所以這天若遇到下雨，都是大道公的錯啦！

05/12

她把喜歡的放進生活裡

〔花蓮市 Caffe Fiore 珈琲花〕

慈天宮對面，有個迷你的角間小屋，在動工時外人還很難想像，「可以做什麼呢？」

角間小屋的前身是一間鑲牙所，動工裝潢時，女主人非常有心地保留鑲牙所店招牌。木工師傅住對面也愛收舊物，於是把自己在溝仔尾收集來的「三水汽水」老店玻璃，也放進這小空間。女主人還放進了很多喜歡的花草植物、兩隻貓……

第一次來喝到好咖啡有驚喜。跟女老闆聊天，「妳煮的咖啡好好喝！會不會因為咖啡賣得很好，反而沒時間做最喜歡的乾燥花？」

「我本來就是做咖啡這一行的啊！」女老闆笑。

原來，女老闆曾在臺灣、國外的咖啡館工作，曾是咖啡館店長、吧檯高手。國外工作兩年後，思考「可以做什麼呢？」的過程中，在臺北學習製作乾燥花藝，很喜歡植物，於是決定：一個人經營小咖啡館，偶爾接預約製作乾燥花藝的教學。她放進生活的，都好吸引人。

05/13

創作如生活每天不一樣

〔吉安鄉　淑鈴生活陶〕

走到淑鈴工作室的巷口，卻找不到門牌，是正常的，屋外爬滿生意盎然的葡萄就是門牌。走進工作室感到驚喜，也是正常的。

工作室掛在頂上的數盞燈是淑鈴手編，一面牆放木作工具、另一牆面放陶作工具，是淑鈴搭建的。有一老木樓梯，爬上去樓中樓夾層也是由淑鈴改建。這裡是起居空間，散置一些作品。好好看的空間。

淑鈴的創作全實踐在生活。自己搭木夾層，自己改造老窗戶，請朋友吃的點心與喝的茶用自己燒的陶器，身上穿的當然也多是自己裁縫。

水倒入陶杯，手繪的蕨類植物顏色起了變化，像是生命綻放。這是淑鈴燒了多次後實驗出來的變化，「釉藥的變化多端，即使單純用捏的胚燒，還是會有各自的型態。」不像大量生產的陶器要求一致，生活陶擁有不同長相特色，不是隨興，而是需要更多勇於實踐與冒險精神的結果。

手握著淑鈴的生活陶，感覺握住溫暖的生命氣息。

05/14

白天室內看海晚上戶外觀星

〔新城鄉　原野牧場〕

常來花蓮的旅人都知道，七星潭海邊有一間非常有名、已經是成年人年紀的原野牧場，故事開始於一位牧羊人太愛太平洋，選擇在這裡築夢，用漂流木築起一間充滿羊奶香的咖啡館。旅人坐在原野牧場，享用必點的羊奶咖啡與羊奶吐司，覽盡太平洋的藍。

女主人把原野牧場都讓給人們對牧羊人的想念。但她始終在那裡，於是旅人隨時可以回去重溫原野牧場。

經歷過原野牧場的夢想草創、生意興隆、七星潭「民宿區」大興土木、漁民鄰居逐漸搬離或換工作……她曾感嘆：「以前颱風過後，七星潭岸上打上好多海鮮，現在颱風過後，是好多垃圾。」但她始終在那裡，更明白要好好珍惜當下，給客人更好的品質，給自己更多的生活空間。

客人白天來喝咖啡看海，晚上請到戶外觀星，因為原野牧場不營業喔！

①淑鈴生活陶
o' rip 生活旅人
地址：花蓮市節約街27號
電話：03－833－2429

②原野牧場（MAP 新城－05）
地址：新城鄉大漢村七星街9號
電話：03－822－6778

①璞石咖啡館（MAP 花蓮市－25）
地址：花蓮市明禮路 8 號
電話：03－832－6436
璞石咖啡館下午茶，或上網搜尋 Juno Baking 可宅配。

②美滿蔬房（MAP 吉安鄉－14）
電話：0912－519－759
主廚邱麗玲。提供在地蔬食、健康友善的家庭式廚房。預約餐點，也可預約到府烹飪與蔬食教作。

05/15

爲素食者做甜點

〔花蓮市 Juno Baking〕

Juno 因為吃素，也愛製作甜點，起心動念想到要推廣素食西點。剛開始在網路上不好意思把重點放在素食，怕讓某些人止步。「後來想，我真心是希望素食者吃到優質的點心，應該要讓素食者方便搜尋才對。」當她在 Juno Baking 後面加上「素食烘焙」後，全然安心，知道這樣就對了！

孩子在國外念書，先生鼓勵做她喜歡的事情，Juno 卻被喝下午茶逛街的好姐妹取笑「妳要玩到什麼時候呢？」好朋友在中國做烘焙事業，問她要不要參與。「妳的點心可以放多久？」這句問話讓她完全不考慮過去。中國太大了，食物的有效期限從數月甚至一年，這不是 Juno 做素食烘焙的初衷。

她樂於按照季節食材節慶做甜點變化，卻沒想到做一人烘焙工作會這樣忙碌。「我沒去運動，就帶計步器，一天竟也有一萬步啊！」Juno 說這是雙重的開心。

05/16

來家吃的好蔬食

〔吉安鄉 美滿蔬房〕

麗玲做過的工作類別跨很大，在中國擔任老闆代理人跑過很多地方，或關在辦公室與數字為伍，或經營餐廳，後面這一項是最喜歡的，但不習慣管理人事因此也歷經幾次謝幕。麗玲想通了，放掉所有她不擅長的工作項目，直接把客廳當餐廳，就能專心做料理。

「我喜歡簡單料理的美味。」麗玲說。吃麗玲做的好料時不太能理解她說的，因為味道非常豐盛啊！厲害的料理，不是應該要運用煎煮炒炸等複雜工序，才能煮出豐富的滋味嗎？

原來美味有另一條秘徑：巧妙搭配當令食材，搭配能提味的拌醬。這條路徑，需要的是天分。

05/17

爲貓狗在家工作

〔花蓮市 怡文布品與Ki媽肥皂〕

曾在臺中實心美術巧遇住花蓮的怡文創作展，有繪畫、布品，主題是三隻狗。「怡文是為了照顧三隻狗，所以選擇在家裡工作。」店員這樣介紹，細看幾件作品是手縫的狗狗圖案，再看到布品商標也是手縫的狗狗圖案。喜愛與專業，認真搭配。

廣為人知的花蓮Ki媽手工皂，也是因為要照顧實在太大隻的英國古代牧羊犬Kiki，選擇在家製作手工皂。Ki媽的肥皂價錢實惠，大部分的人一次選購幾個都還能負擔，逐漸成為花蓮朋友間最「共通」的民生用品之一。後來才發現，原來Ki媽手工皂「外地有名聲」，有旅人專程來購買。

曾經有家連鎖店負責人來找Ki媽洽談合作，希望Ki媽增加產量，在全臺數十間店面上市，但原本寄售的小店家，就不能再銷售了。但她卻輕輕回絕，「增加產量，這樣很累！而且價錢要提高，這不是我的初衷。」

Kiki往生後，Ki媽身邊又來一隻新狗，小Ki仔。好好生活不變，Ki媽有簡單生活，客人有實惠好皂。

①Ki 媽手工肥皂

小一點洋行、花蓮好事集、舊書鋪子、芭崎眺望臺、有的沒的、柚子家民宿等均有售。
外地也有特色店家與市集銷售，可上網關鍵字查「Ki 媽手工肥皂」。

②雜草蟲聲農莊（MAP 吉安－23）

地址：吉安鄉中正路二段 225 號
電話：0912－029－711（湯平）
歡迎預約參訪以樸門概念規劃的農場，或預約製作季節醋、酒及酵素等課程。

05/18

頭好壯壯的自家留種

〔吉安鄉　雜草蟲聲農莊〕

「我覺得自己很幸運，手上的種籽有百分之四十，是父親務農時留下的。」雜草蟲聲農場湯平說，因為受到「泰國米之神基金會」負責人戴查先生的啟發，當作物種苗健康強壯時，病蟲害和土壤肥分就不再是影響植株生長的主因。於是湯平決定朝向自己留種的「永續大計」，爸爸的種籽特別珍貴。

湯平的農場不施肥，老神在在的雜草當然比作物強壯，拔草成為農場吃重的工作。要為農場取名字時，湯平的爸爸說：「雜草這麼多，就叫雜草叢生吧！」湯平的兒子要記下來，但小學生不會寫叢，竟寫成蟲，一家人就這樣決定了農場的命運。

兒子小時候嚴重的異位性皮膚炎，自己種的食物沒有農藥，孩子的狀況明顯改善。現在家裡冰箱是不拿來放菜的，要煮時就直接進園子裡採。

湯平去臺大上郭華仁教授的農民保種課程，與其他小農交換，不得已才去種籽店購買，再慢慢一代代留種。現在已經有近二百款的種籽。不只花蓮，也有遠從臺中高雄的人購買。因為自然栽培的農夫都知道，經過代代相傳的生命力，強過慣行種籽太多了。

①小紅饅頭（MAP 吉安－26）
地址：吉安鄉慶豐慶南三街 242－1 號
每週三下午三點到六點，家市集有賣。

②家市集（MAP 吉安－26）
地址：吉安鄉慶豐慶南三街 242－1 號
每週三午後三點到六點，擺攤分享「自家生產的各種有愛產品，量少但絕對新鮮。」

05/19

用心揉製的溫潤

〔吉安鄉　小紅饅頭〕

每週三下午就會想到，「去家市集買小紅饅頭。」即使最後沒有空檔到吉安鄉，這個念頭就是會閃過。

小紅離開醫院的護理工作，是因為思考到人要如何「好好死」。臺灣人不太願意觸碰死亡的議題，醫護人員的壓力也來自於大家都不想面對死亡的事實，於是很多病人的最後一口氣，可能是在照X光途中，可能是在看不見親人的加護病房，可能是在不需要急救卻還受到電擊搶救的過程。

小紅從疑問中出走，到印度行走一段時間。回來後，以揉手工饅頭在家市集銷售營生，小紅也將學習過的中醫穴道、印度肌肉放鬆治療結合，為需要的人按摩。

小紅的疑問不知道是否有了答案？但疑問的出發點應該出自於：小紅想要好好照顧人。小紅的饅頭很溫潤，感受得到揉製過程很用心，吃的人不論有沒有發覺，都被照顧到了。

05/20

最關注的永遠是家

〔吉安鄉　家市集〕

花蓮的民宿應該是全臺最多，早期吸引背包客關注與喜愛的，首推「自己家」及「住海邊」。靈魂人物－女主人書琴，應該也是最早推動「小幫手」制度，客人可以自己煮，一起在家吃飯等民宿經營模式者，她總是謙虛說：都是靠周圍的人幫忙。其實，她自然的生活呈現感動很多住宿的人，有的人甚至因此搬到花蓮居住，或是將書琴經營民宿的方式，在其他地方實踐。

在有了孩子黃豆芽後，身為媽媽的她，每週三下午在自家門口辦起「家市集」，目前有家工廠手工傢俱、小紅饅頭、小農小事麵包、阿不小胖、斷捨離捨不得小鋪、禾亮家安心蔬菜和新鮮雞蛋、不定期的小農朋友農產品等攤位。

家市集希望與大家一起愛自己的家、共同的家－地球。鼓勵消費者自備購物袋或保鮮盒盛裝，歡迎攤位上試吃、聊天。直到傍晚，門外的餐桌被點上一盞燈。餐桌以外的世界自然而然地，逐漸沒去。攤主客人各自道再見回家煮飯。

有人開燈，就是家。

國曆五月二十一日

小滿

作物結果漸豐，但尚未成熟

桑椹

花蓮很多人愛手作，春天料理梅子，接下來是桑椹了，直到初夏。

《本草綱目》說，桑椹解口乾、養肝明目、防白髮、提神解勞，並有利補血。

桑椹除了有多種維生素，鐵質含量更是蔬果中佼佼者，愛護女性的好水果。

奇萊亞酒莊有大片無毒栽培桑椹園，產出茶、醋、果汁、果醬、軟糖等商品。

每年三至五月產季，桑椹園開放提供預約採收體驗。

奇萊亞酒莊
地址：花蓮市中山路一段510號
電話：03－856－9299

05/22

蝦虎洄游孕育生命

〔秀林鄉　太魯閣砂卡礑步道〕

太魯閣國家公園親子皆宜的步道，首推砂卡礑步道，幾乎沒有上下坡，悠哉地在蓊鬱林間蜿蜒。如此清爽的步道，在日治時期卻被日本人視為難以通過的關卡、裡面住著不易順服的太魯閣族。傳說以前太魯閣族初到砂卡礑溪與立霧溪匯流的河谷建社時，挖掘出臼齒（Skadang），所以稱這裡為「砂卡礑」。日本人想從河谷入深山，河谷陰濕茂密的林相對日本人來說就如太魯閣族強悍的力量，一度無法找到路徑，於是日本人稱這裡是「神秘谷」。

三月「驚蟄」打雷後來砂卡礑步道，眼尖的人可能會看見，溪水是黑的？恭喜你很幸運，這是可遇不可求的特殊奇景呢！那是幾百萬隻蝦虎春天洄游產卵！蝦虎類有很多種，但都有吸盤，當洄游到三間屋的岩壁時，甚至會奮力往上爬，繁衍生命的力量，在所有物種之間，都是如此強大。

太魯閣國家公園遊客服務中心
(MAP 秀林－06)
地址：秀林鄉富世村富世 291 號
電話：03－862－1100 轉分機 804
2015 年 11 月對外開放的「小錐麓」，可以從遊客中心通往砂卡礑步道。

05/23

找到田國際泥巴運動會

〔鳳林鎮　北林社區活動〕

這幾年提到鳳林北林三村，大家想到的會是什麼？十之八九應該是「百鬼夜行」嘉年華吧！

也許有人會與我一樣，更喜歡「找到田國際泥巴運動會」，這是不用花太多錢、但真的會讓人很開心的活動。

「不讓孩子踩進土裡，將來他不會懂得什麼是故鄉。」乍聽負責人李美玲這樣說，好像是件嚴肅的使命，其實才沒有！泥坑南瓜橄欖球、泥坑棒球賽、泥坑拔河賽、泥坑騎馬打仗、泥坑田徑、泥坑比基尼摔角等經典賽事，多好玩的活動啊！只是這樣，真的可以讓孩子「懂得什麼是故鄉」嗎？在農村長大的人拍胸脯保證，會！因為他們小時候，總是被抓到田裡工作。現在如果這樣，看看小孩子會不會見到泥巴田就想逃跑？所以，得換個方式讓孩子踩到泥巴。

農村人總是忙碌，「讓孩子踩進土裡」這件事情，就落到很會辦活動的北林社區主力美玲身上。大型遊行的百鬼夜行，到塗滿泥巴的找到田運動會，她彷彿有很多分身，可以串連到天南地北。

美玲相信，踩進土裡，就不會忘記這裡是故鄉。

花蓮縣鳳林鎮北林三村社區發展協會
(MAP 鳳林－06)
地址：鳳林鎮北林里復興路 157 號
電話：03－876－0530

05/24

預約客家創意料理

〔吉安鄉　阿姑的店〕

吉安鄉中山路過中央路大十字路口不遠處，右邊即可見「阿姑的店」招牌，招牌易找座位難求。

裝潢簡單的普通小店，預約客準時到後店就滿了。接下來，常會有不知要預約的過路客，開門探頭問：「還有沒有位子……」大家就會幫忙解惑：「沒有了，沒有了……」這幾年口碑甚好，已經沒有「偶爾經過」還有位置可順利坐下的好運氣了。

老闆娘從小就愛美食，第一本存錢買的書，是食譜。招牌旁的小字「阿姑巧飽廚房」，「巧飽」是低調的老闆娘為自己手藝下的最明顯註解。其他的不多說，吃就知道了。

熱門菜有限量的松阪豬、獨門配方雞湯，以及餐後必點內包鹹蛋黃的阿姑芋卷，外地人可照推薦點餐必不後悔，在地人則幸福許多可時常變化，各式菜色絕對都在水準之上。

阿姑的店（MAP 吉安－17）
地址：吉安鄉中山路三段226號
電話：03－853－5802
建議二至三週前預約，較有可能預約得到。

05/25-05/26

農曆四月初八，佛誕日

佛陀出巡

〔瑞穗鄉 青蓮寺〕

佛陀誕辰紀念日又稱「浴佛節」，源自一個傳說：原是北印度淨飯王之子的佛陀，出生時天空出現九條龍吐出香水，為初生的佛陀洗浴慶祝。後來的佛教徒，會慶祝浴佛節自省洗滌自性。不免會聯想到基督徒的受洗，經由水洗得到心靈洗滌。

此外，我們聽過黑面媽祖，在花蓮瑞穗鄉瑞美村一座約一百二十多年歷史的古廟青蓮寺，裡面供奉的則是「黑面佛祖」。

黑面佛祖的來由，也是一個傳說：在一八七七年（清光緒三年）一位老翁挑著竹籠來到瑞美村，寄放在一戶人家門前，但許多天卻沒回來取，於是這戶人家與鄰居打開竹籠一探究竟，發現放了兩尊銅鑄釋迦牟尼佛神像與一張紙條：「一尊鎮守水尾庄（瑞穗鄉），一尊駐在馬太鞍（光復鄉）。」

樸實的居民便在瑞美村擇地建一座茅舍供奉黑面佛陀，名為慈聖宮。約五十年後，一九二四年大家集資改建為磚瓦結構廟宇，並請在地秀才改名為青蓮寺。又過約五十年後，一九七二年四月二十二日發生規模六・九級瑞穗大地震，只有黑面佛陀、眾神聖像以及竹籠絲毫未損，瑞穗鄉民更加感到神奇，於是又集資重建，歷經十多年正式完工。

全臺灣應該只有青蓮寺供奉「黑面佛陀」，也只有這裡會看到如媽祖出巡的「佛祖出巡」抬轎活動；每年佛祖誕辰前一天，許多各地廟宇都會派陣頭參與，遶境隊伍綿延熱鬧。

據說在日治時期瑞穗神社有祭典時，青蓮寺的「黑面佛祖」陣頭隊伍也會「出巡」參與抬轎遶境，因此到現在，抬轎的陣頭裝扮與儀式，都充滿和風。第二天浴佛節的祭祀活動，還可親眼目睹一百多年前承裝的竹籠。

瑞穗青蓮寺（MAP 瑞穗－07）
地址：瑞穗鄉瑞美村仁愛路109號

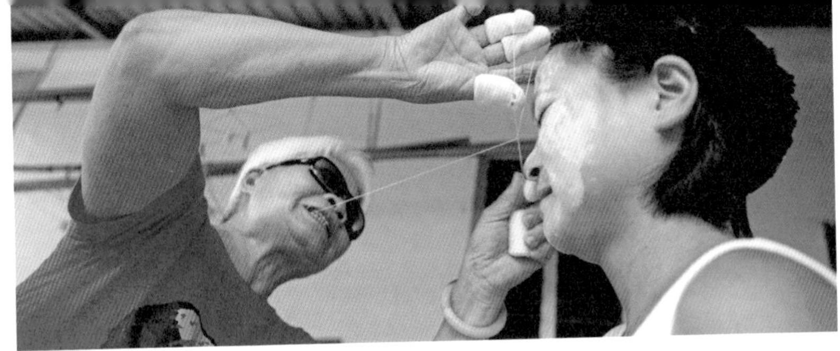

朝氣蓬勃的傳統美容師

〔吉安鄉　阿嬤挽面預約〕

阿嬤用牙齒咬住白棉線的一端、另一端用手指熟練纏繞，白棉線呈剪刀狀，在客人臉上拔細毛。「你學不來啦！」聽到客人說想學，阿嬤一邊俐落地繼續除毛，一面很有朝氣地笑著說。然後要大家猜她幾歲？七十？阿嬤有點不服氣，「有人猜我六十歲。」阿嬤已經八十歲了。

挽面是老一輩的美容護膚法，有去角質、除雜毛等功能，挽面後皮膚光滑細白。古時候新娘結婚前夕都要挽面，在廳堂上香祭告神明即將出嫁，然後由具德性的年長老婦人幫忙做「開面」的儀式，希望新娘子「漂亮得人緣」。

阿嬤的先生早逝，做過多種工作養大三個孩子，從十六歲就學會挽面，除了平日家裡有熟客預約，固定每週五會到四八市場親戚家的美容院。現在也有男生來挽面。「有人搬到西部去，不習慣那裡的人挽面，還特地坐火車回來找我。」阿嬤每週也為自己挽面，難怪有人猜六十歲！

阿嬤挽面預約
(MAP 吉安一20)
電話：03－853－4193
電話鈴聲要響久一點，接通後即可說通關密語：阿桑，我要挽面喔！

05/28

菜園裡的野菜火鍋

〔吉安鄉　櫻之田野〕

二〇〇一年櫻之田野的第一家店就開在吉安的田中間，後面是野菜園，每天無限量提供三種新鮮野菜。老闆娘陳櫻美會不時關心問客人，今天吃幾盤野菜了？期待來這裡的客人，至少要吃一盤！因為老闆娘自己，就是受到野菜的照顧。

一九九八年，老闆娘得了甲狀腺癌，開刀後搬到花蓮，原住民朋友最懂得吃的野菜，提供養生的建議是多吃野菜。野菜是不需要農藥的大地禮物，多吃可清血、調整身體。經過三年身心調養後，陳櫻美想與大家分享野菜的好處，於是開了在菜園裡的火鍋店，受到歡迎後擴大營業，仍有自家菜園提供的野菜，同時也請最善於辨認野菜的原住民朋友，每日採集。研發了十七種養生藥膳湯底，葷素皆宜。各式醬料中，有一款提升甜味降低苦澀味的「野菜特製沾醬」，值得嘗試！

①櫻之田野 養生野菜鍋 (MAP 吉安－16)
地址：吉安鄉福興七街8號
電話：03－854－0366。03－854－0368

②花蓮溪出海口（頂嶺）
從南濱路右轉花蓮大橋，達臺十一線時左邊有國姓廟的石頭，往左轉到海邊，即是頂嶺。

05/29

小燕鷗繁衍

〔壽豐鄉 花蓮溪口〕

花蓮溪出海口是海岸山脈的最北端，稱為頂嶺。向北望去是樓房組成的花蓮市、向西是最高高在上的中央山脈、向南是綠意盎然的花東縱谷、向東是遼闊的太平洋。坐在礫石灘上，彷彿一艘永遠準備出航的船，無風時天上的雲，像是很有耐心的同伴，一起看著忙碌走跳覓食的鳥兒。初夏的沙洲，幾乎都是燕鷗天下。

夏候鳥小燕鷗，春天三月就陸續從東南亞等處飛抵花蓮，準備在這兒傳宗接代，花蓮溪出海口是很適合孕育小生命的床。

平常覓食，眼光銳利的鳥兒空中瞧見水裡的魚苗蹤跡後，即刻收翅俯衝叼住小魚隨即展翅高飛，然後在空中甩個頭吞下食物，非常帥氣。求偶時更精采，你會看到雄鳥叼著魚苗回到岸邊，一搖一擺走向母鳥，請吃請吃，接受誠摯的獻禮。求偶成功者，將在河床砂礫堆中產卵育雛，能經過夏季颱風考驗存活下來的小燕鷗，秋天時也長大了，開啟生命第一場南飛行程，回到溫暖的南方渡冬，明年再來。

美美里信窯烤麵包（MAP 吉安－15）
地址：吉安鄉南華五街 30 巷
電話：0958－189－035（雲子）0925－533－280（里信）
歡迎電話或 FB 留言訂購，外地可宅配，或下午一點半之後、六點之前過來自取。

05/30

香香的豬窩天堂

〔吉安鄉　美美里信窯烤麵包〕

左邊是麵包窯房，後面是豬窩改建的小店。中午陸續出爐、網路公告每日不同口味。黃昏收工前門口放一小錢筒，已訂麵包的朋友請自取。週日公休。這是豬窩天堂四季如一的簡單運作。

三年多前，兩位在ＮＧＯ工作超過十年的好同事，正討論一起創業。里信發現腦部長瘤，到臺北做手術前，里信跟從事木工的爸爸說：「我真的，很想要一個窯來烤麵包。」

「手術回家，麵包窯就完成了。」雲子說：「這個窯裝有輪子喔！因為里信爸爸想，如果不用了還可以移走。」現在里信爸爸能做的，是負責供應源源不絕的木柴。

有一天里信說：「可以賣了。」雲子便到路口掛起小招牌。有一天客人抬頭看見結實的串串綠葡萄。這是因為里信手術後，再度去臺北回診前與爸爸說：「我真的，很想要一個葡萄藤架。」

豬窩改建成小店，不難想像也是爸爸變出來的。

雲子說：「因為麵包交了很多朋友，不時還收到當歸、刺蔥……客人種的各種食材。」客人期望的口味，也開始用麵包變出來。

05/31

泡腳公園

〔吉安鄉　初英親水生態公園〕

吉安的單車道沿路平緩，騎久也不累。不過從初英山自行車道騎到初英親水生態公園時，可暫停稍歇，這兒周圍樟樹、落羽松林，綠草地有點野放的自然味，濕地生態池裡種植野薑花、菖蒲、聚藻、田蔥、日本萍蓬草等水生植物。最喜歡的是泡腳的渠道，水非常清澈冰涼，這裡在初英山腳下，有時水量大，就知道應該是沒多久前，山上下雨了。

吉安數條單車道都可以串聯，想要挑戰遠一點的可連到臺九丙線去鯉魚潭。喜歡在林間水邊慢慢踱，初英自行車道沿著百年歷史吉安大圳這一段，最讓人喜歡。有時水流非常湍急，嘩啦嘩啦直響，腦子都被沖洗乾淨了。

這天是世界衛生組織（WHO）訂的「World No Tobacco Day」（世界無菸日），單車騎經「五十甲無菸公園」，一九六一年退役老榮民聚居在此進行約五十甲地屯墾而得名，這裡戒菸應該容易成功，在綠樹大山間騎單車，吸芬多精就心滿意足。

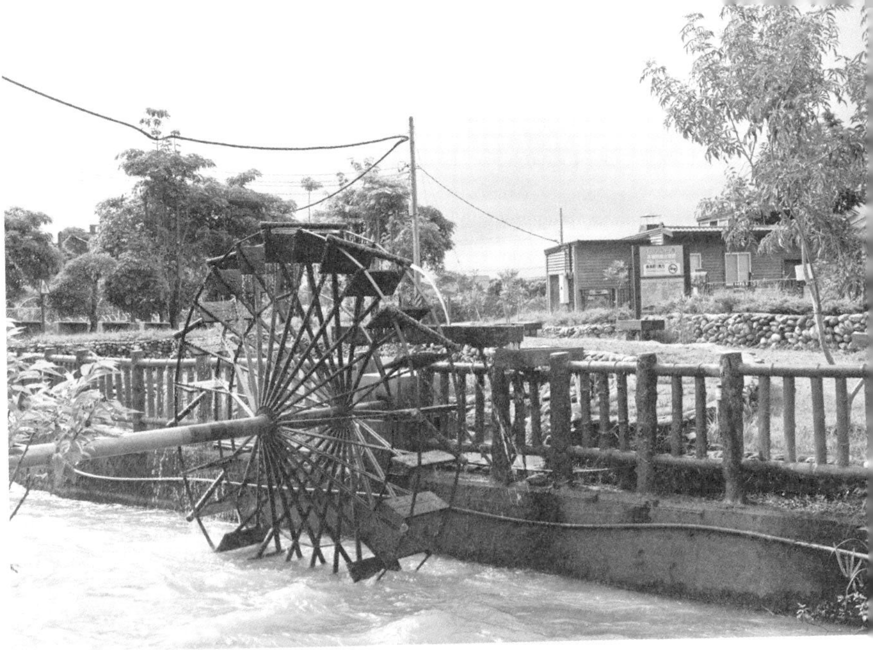

初英親水生態公園
(MAP 吉安－03)
地點：初英自行車道上
電話：03－8523126

夏。 瓜果甜，稻收

國曆六月六日
芒種
梅雨季漸離，結實穀粒長細芒

國曆六月二十二日
夏至
最長的白日，第一個收成的季節

雖然梅雨季漸離，空氣中水氣仍不少，若下雨會比梅雨來得大，但帶來的清涼，這時還滿受歡迎的。

「芒種」表示稻麥結實，穀粒上長出細芒啦！「夏至」表示天氣要越來越熱啦！

怎麼辦？吃水果消暑吧！水果陸續登場，香蕉、荔枝、芒果、鳳梨、西瓜、香瓜、哈蜜瓜、葡萄，味道甜美水分豐富，正是夏天最棒的禮物。

水多多的西瓜，更是花蓮夏天代表性水果。二〇一五年低價西瓜出現市面，馬上有媒體報導，懷疑是外地颱風後的泡水瓜拿來當花蓮西瓜賣，雖然花蓮農友認為不必擔心，應是西瓜盛產，才有過熟西瓜低價賣，但由此可知花蓮西瓜在消費者心中有一定好評。

初夏此時，還沒有暑假人潮，卻有金黃稻穗。到了月底，第一期金黃稻穗就要由南往北陸續收割，不論是縱谷間或太平洋前，都只能說是「無法比較」的太美。

06/01

花蓮沙沙甜西瓜採收

〔縱谷　溪床〕

臺灣第二大西瓜產區花蓮，花蓮西瓜有沙沙的口感，很受歡迎。多是整批提供盤商，近年陸續有回鄉年輕農夫為自家西瓜建立品牌，例如玉里的「阿強西瓜」、壽豐的「壽豐印象」，每顆蓋上品牌印章，表示品質保證。

花蓮西瓜大都種植於秀姑巒溪、萬里溪、壽豐溪、花蓮溪等排水良好的岸邊，靠近市區的花蓮大橋即可見遼闊的河床砂礫地，一排排西瓜園。

西瓜很會開花，漂亮的黃色花朵清晨綻放下午凋謝，瓜農會疏果只留一顆果實，成熟後至少十幾公斤。「採瓜人」為閃避河床砂礫地無遮蔽的缺點，在夜晚出沒，排排站好從地上抬起大西瓜，一拋一接，非常有默契，於是彷彿是無重量的錯覺，一顆顆飛到貨車上。好玩嗎？好吃的西瓜水分都很充足，一直拋到天光亮，非一般人能勝任。西瓜含水量約達百分之九十以上，但可不是只有解渴，根據日本研究，紅肉西瓜的茄紅素單位含量比番茄還高出百分之六十。

花蓮各地夜市與街頭都會有的水果店，這時有在地好吃西瓜，來分切盤或現打西瓜汁吧！

阿強西瓜
電話：03－888－2020
壽豐印象（MAP 壽豐－25）
電話：03－865－3898
以上兩家品牌，皆有網購服務與預約體驗行程等活動。

花蓮西瓜大王
地址：花蓮市中山路 301 號
電話：03－322－678

洛韶（龔家農場）天使心果園（MAP 秀林－20）
電話：0921－172－059（周美華）

新白楊吉果園
電話：0937－531－648（田曾秀嬌）

新白楊朝良農園
電話：0919－018－986（楊朝良）

06/02

高山水蜜桃採收

〔秀林鄉 太魯閣－洛韶「猴采桃」〕

水蜜桃是非常嬌嫩的水果，輕碰馬上就瘀青，摘採後天氣熱就過熟；多汁果肉散發香氣，一年僅一收成，吃水蜜桃時自然會產生吃到奇珍異果的心情。

五月提過的中橫公路拓寬工程，榮民在大禹嶺到谷園一帶開闢幾處農地種蔬果，水蜜桃與高麗菜是主要作物。聽榮民第二代的農夫說，當時是蔣經國從日本帶來的水蜜桃品種，鼎盛時期有二、三百戶人家種植，隨著老人凋零或遷居，花蓮的高山水蜜桃園逐漸消失。

洛韶與新白楊的水蜜桃園由第二代接手，面對園中的水蜜桃樹多是半世紀的老果樹，珍惜父執輩的辛苦，也對自己生長的土地有感情；與西寶一樣接受慈心輔導，部分農園已嘗試草生栽培等農法，不使用化肥與農藥。嘗試「防猴網」等減少猴害，也願意留一些給獼猴吃，於是產品命名為「猴采桃」。高山水蜜桃的好吃在於，日照熱、傍晚霧水多濕氣足、夜晚冷，熱脹冷縮的環境下，水果拚命長好，所以甜度足，吃了就知道。

06/03-06/04

記憶海線一九三

〔新城鄉　一九三縣道〕

常聽到有人提及一九三縣道，都稱讚是單車愛好者公認最喜歡的一條縣道。這是花蓮唯一的縣道，但是可能多數花蓮人也不太清楚頭尾究竟在哪裡？因為一九三縣道是臺灣最長的縣道，從秀林鄉三棧連到玉里樂合，全長約一百一十公里，可分為海線、山線、田園線。每個人喜歡的路段，也不太一樣。

海線到山線間有一段路是車流量大的海岸路，單車愛好者常要躲避車潮抵達花蓮大橋，才能踏上喜歡的山線與田園線。山線高低起伏是挑戰路段，田園線從瑞穗大橋開始到玉里樂合，在不同花季與稻色會吸引大批攝影愛好者前往，此時是阿勃勒金黃花盛開的季節，下一篇文章就會介紹。

海線呢？說了會讓人「喔？」一聲，每年百萬人前去的知名景點七星潭，就在一九三海線上。

海線一九三，大家最熟悉七星潭特定風景區，北邊海巡署安檢所附近有幾攤熟食，黃昏時烤地瓜、茶葉蛋總是大受歡迎。南邊是最熱鬧區段，有新興的柴魚博物館、民宿飯店、熱炒店、燒烤店，也有雜貨店冰淇淋、原野牧場等老牌知名店家。

海線一九三
(MAP 新城－02)
從三棧與臺九線交接處是起點，0至7公里後，抵達知名的七星潭特定風景區。

那麼，七星潭風景區往北的〇至七公里這一段呢？這是很多花蓮人心目中的秘密路段。

這裡有花蓮較長且完整的海岸林相，沿路四個小社區，各有路徑穿過高大美麗的木麻黃防風林走向海。才通過木麻黃，會突然感受到海風，原來社區裡的平靜都因受到保護。

四月的文章提及，花蓮市南北濱公園在半世紀前的海邊景象，這裡還看得到：木麻黃接著有林投樹、黃瑾，然後是蔓性草本紫花濱刀豆、黃花濱釘豆、紫紅花馬鞍藤……遼闊太平洋。

由於靠近七公里處前方有墓園區，平常少有旅人在此遊走，其實這段路有定置漁場可買到最新鮮的漁獲、有海岸生態公園種植著多種海岸植物、有木工廠提供預約訂製桌椅，有磚窯可買各種造型磚。這裡是花蓮人不太想告訴別人的秘密海線，然而聽說它可能即將被拓寬讓遊覽車通行，必須說，這裡本來就不是觀光區，拓寬後勢必車多速度快、影響在地生態與生活，讓在地特色逐漸消失，反而是觀光最大的損失。

來海線住一晚，清晨去找秘密海灣，你會知道花蓮人想珍惜的是什麼。

06/05

阿勃勒花季

〔瑞穗鄉　一九三縣道〕

在這個季節的一九三縣道，敢保證最受歡迎的一定是「田園線」這一段。

過瑞穗大橋到德武，一路往玉里樂合，稱為「樂德公路」。沿途兩旁行道樹，依序種植小葉欖仁、鳳凰花、阿勃勒花、樟樹，其中長約三公里的阿勃勒，正一串串地盛開金黃色風鈴。阿勃勒雖是外來種植物，在臺灣馴化多年已融入環境，盛開時有「黃金雨」的美稱，泰國選為國花（Dok Khuen），象徵皇室金黃豐盛。行道樹外是即將豐收的稻浪。每年引來多人拍照。

二〇一五年有瑞穗在外工作的年輕人，發起募資種樹「百年花海計劃」，陸續在瑞穗溫泉區、國小、社區公園及民宿餐廳等地，種下約兩百棵阿勃勒樹苗，希望反映對於過度開發渡假飯店、遊樂園區，賣地、農地變更用途等發展的不認同。他認為，種樹就算沒有帶來任何經濟效益，至少對地球有益。

阿勃勒黃金雨（MAP瑞穗—02）
地點：約位於一九三縣道的107.5至110.5公里之間。

國曆六月六日

芒種

梅雨季漸離，
結實穀粒長細芒

綠竹筍

又到了綠竹筍的盛產期，綠竹筍堪稱為最受歡迎的竹筍品種，纖維較細緻，像水梨甜美多汁。每天透早拔起的筍子，直接生吃甜美解渴，但會隨著擺放的時間漸產生苦味。購買時，盡量選帶泥和殼的，較能保持新鮮甜味。新鮮綠竹筍，汆燙冰鎮過後上桌，不沾美乃滋也好吃。

農會超市

地點：各大鄉鎮農會超市，有銷售花蓮無毒農業農戶的生產。

06/07

總有好事發生

〔花蓮市　好事集〕

花蓮第一個農夫市集—花蓮好事集，每週六在花蓮市中山路郵局旁的自由廣場。

農友說：「好人多的地方，總有好事發生。」來採買得趁早，透早摘採的蔬果在冰箱保持頭好壯壯地儲藏一週沒問題。如果超過十一點，能挑選的菜就不多了！但懊惱之餘，也許會意外地買一把菜得一條玉米。「最後一條囉！送給你！」

好的買賣場域，比金錢來去要多一分情感交流。客人帶著提袋買菜保鮮盒買米，農人切開水果請大家品嘗，服務臺有農人客人提供的各種尺寸回收紙袋供取用。

主辦單位不定時邀請料理老師示範教學，小農更是隨時可提問的老師。市集裡有老中青農夫，平常務農沒人陪說話，很歡迎大家來買菜聊天，各有特色的人生故事與對土地農法的堅持。

靜觀好事集裡發生的生活小事，像溫暖的陽光。

①花蓮好事集（MAP 花蓮市－45）
地點：花蓮市中山路自由廣場（郵局旁邊）
每週六早上九點至中午十二點

②龍鬚菜採收（MAP 吉安－12）
早晨與下午，吉安鄉南華村、干城村自行車道附近的田間，隨處可見採收景象。

06/08

龍鬚菜採收

〔吉安鄉 南華、干城村〕

聽說臺北超市只要有吉安的龍鬚菜上架，必定搶購一空。這樣的受歡迎絕非浪得虛名，因為太平洋的海風偏鹼性，這是龍鬚菜最喜歡的生長環境。

人稱吉安有三寶：龍鬚菜、芋頭、韭菜。吉安產量居全國之冠的龍鬚菜，是佛手瓜約十五至二十公分的莖蔓嫩梢，全年皆可收成，本來就是生命力強、不太需要照顧施藥的在地野菜。

最新鮮美味的龍鬚菜，都是在田裡直接完成所有作業，採收工人凌晨三四點就開工：用鐮刀割下、綑綁、修齊尾端、貼上產地貼紙，完工。所以抱歉，這款農事緊鑼密鼓，沒有開放旅人體驗，但光站在旁邊觀看、像花一樣美的龍鬚菜束，就很滿意了。

06/09

有機鳳梨採收

〔瑞穗鄉　富興社區〕

田裡的鳳梨像排列整齊的乖寶寶，到了夏天，臉就紅了。原產於亞馬遜河一帶的熱帶水果鳳梨，十六世紀傳到亞洲，早已成為臺灣代表性水果之一。鳳梨在自然狀態下，果實生產約百分之八十集中在六至八月，這段時間產出的鳳梨最自然好吃。

花蓮哪裡有好吃的鳳梨？瑞穗鄉富興社區位於臺九線（二六〇至二六三公里）與一九三縣道之間，兩條路的入口，各有一顆大鳳梨裝置藝術。姑且不論好不好看，終究說明社區對於在地產業的努力與期待，主要放在鳳梨身上。

五六〇年代，臺灣鳳梨有百分之八十出口，當時有「鳳梨王國」的美名。富興社區也曾有大片鳳梨田供應玉里的臺鳳工廠，後來工廠關閉鳳梨田荒廢。這幾年富興社區想要發展在地產業，回頭種植熟悉的鳳梨。富興社區除了種拜拜用的鳳梨花，也種回從前加工用的三號土鳳梨，酸度較高但香氣濃郁。其實這是在地品種營養豐富的好鳳梨，最適合拿來做鳳梨酥、鳳梨乾、鳳梨醬，社區餐廳「富興客棧」也吃得到鳳梨風味餐。

這裡的鳳梨田是慈心有機驗證轉型期，產期約到八月底，這時總是人手吃緊，歡迎來打工換鳳梨喔！

①瑞穗鄉富興社區發展協會（MAP 瑞穗－11）
地址：瑞穗鄉富興村中正北路三段 180 號
電話：03－881－1658
可預約烘焙鳳梨酥、生態旅遊解說導覽等活動。

②佳興冰菓店（MAP 新城－06）
地址：花蓮縣新城鄉新城村博愛路 22 號
電話：03－8611－888
「新城照相館」就在隔壁 18 號 。

06/10

電影場景超人氣檸檬汁

〔新城鄉　佳興冰菓店〕

自從二〇〇六年《盛夏光年》電影的封面照出現後，開始有旅人從新城鄉的臺九線右邊岔路進入社區，為了尋找「新城照相館」。電影講述的是花蓮高中生的故事，小學場景是在豐濱鄉已廢棄臨海美麗的磯崎國小，高中場景是玉里高中與花蓮高工。結尾的海邊，是現在已過度觀光開發的七星潭。海報背景的新城照相館日式老屋，則已經一百多歲了。

然而在電影海報還沒出現前，花蓮人就知道，隔壁的佳興冰菓店有好喝檸檬汁。據說在日治時期就有佳興冰菓店，算來至少八十幾歲，採用屏東鹽埔優質新鮮檸檬整顆加煉乳提味，為酸甜味增添香氣。很多花蓮人出發去臺北前，會先轉進去買一罐或一杯路上提神，總會不經意地，把酸甜滋味與《盛夏光年》的高中青澀愛情故事，在腦海裡連結，即使那已經是好多年前的事（電影）了。

高中在花蓮度過的人，會更有感覺吧！

06/11

甘蔗熬的天然甜

〔壽豐鄉　豐春冰菓店〕

六十多歲的豐春冰菓店，一九四九年成立，每年約營業半年。假日人滿滿，拿著號碼牌得等好一陣子。豐春冰菓店用柴燒慢火熬煮出甜而不膩的糖水，放入老製冰機，以「阿摩尼亞」做冷凝劑，製出甘蔗冰。配料也用柴燒熬煮，最招牌的是芋頭、鳳梨條。

每日營業從早上八點到晚上九點是參考用，因為賣完就打烊。喜歡的配料口味也是，偶爾遇到賣完，會在排隊時心裡想著「還有沒有啊？」像是抽獎一樣期待。所以，花蓮人非不得已不在假日去，要去就是想吃到啊！

甘蔗從十二月採收到五月，這段沒營業的日子，店家也沒得閒，得很努力地用柴火熬燒很多很多甘蔗糖水備用，以備四月開門營業。

花蓮市曾經也有一間老冰店「新城冰菓室」，也是用柴燒熬煮，老先生過世後，老太太繼續蹲在門口熬煮香氣四溢的紅、綠豆。直到幾年前老太太退休，花蓮市人的柴燒剉冰記憶也跟著拉下鐵門。

幸好豐春冰菓店有第二代回來接手，第二代生出第三代，這間店顯得特別有生氣。

①豐春冰菓店（MAP 壽豐－18）
地址：壽豐鄉壽豐路一段 79 號
電話：03－865－1530

②明新冰菓店（MAP 鳳林－12）
地址：鳳林鎮新生街 26 號
電話：03－876－4168

06/12

明星都愛喝的檸檬汁

〔鳳林鎮　明新冰菓店〕

五六〇年代流行冰菓店與美而美早餐店，多半開在學校附近，午後國高中生聚在冰菓店聊天吃冰，是全臺灣那年代的青春記憶。五十歲的明新冰菓店，一九六五年開張，前有鳳林國中後有鳳林國小，是當時最大消費客群。現在仍持續提供古早流行的香蕉船、細火熬煮配料的三豆冰，還有招牌原味檸檬汁。

五六〇年代全臺也開始流行戲院，各鄉鎮都有，看電影或歌仔戲團、客家戲班的巡迴演出。鳳林有兩家戲院：元和戲院（後改稱大發戲院及泰發戲院）、鳳林戲院。那時的明星會全臺巡迴公演宣傳，在鳳林戲院結束工作後的夜晚，就到緊鄰的明新冰菓店消費，那時冰菓店就是時尚的場域！

明新冰菓店裝潢沒多更新，很有復古風情，始終保持整齊乾淨有精神，可以像以前的學生或明星，坐下來吃冰聊天。雖然已沒有明星夜訪的熱鬧，仍會看到不同年紀的鳳林人在這裡辦同學會，懷念五六〇年代冰菓店時光的人，可以來坐坐喔！

06/13

到小學、上TED介紹攤販好冰

〔花蓮市　正當冰〕

花蓮市的老冰店「新城冰菓店」歇業後，雖然還是找得到剉冰，柴燒蔗糖、煙燻紅豆……只能成為回憶。

二年多前自強夜市出現一間「正當冰」，吸引人們目光。老闆原本在臺北擔任銀行軟體公司專案經理，起因於在網路上討論食安問題。某財團的布丁與冰淇淋爆出食安問題，他號召網友拒買，卻被人回嗆：「你不賣冰，憑什麼說話？」於是他辭掉忙碌到爆肝的工作，回花蓮向賣冰的舅舅學藝。學成後自行研發的雪貝（Sorbet），水果含量達百分之七〇以上、奶油含量百分之十八以下，甜度高熱量低，大受歡迎。

賣冰的年輕老闆其實滿熱血。用國外「待用咖啡」方式推動「待用冰淇淋」，一群非常可愛的出家人響應，合資捐贈六百球而實現第一步。接著，待用冰淇淋陸續分送到花蓮各偏鄉小學，學生用「一個微笑」交換，老闆在網路上發文得到更多支持。二年多，從夜市擴增到門市，老闆也因為「待用冰淇淋」站上TED，希望攤販都可以有尊嚴地做到良善好吃外，共同發揮社會影響力。這樣的冰，會讓愛吃冰的人大聲說「吃冰很正當」啊！

①正當冰（MAP 花蓮市－26）
地址：花蓮市中福路 147 號（店面）
電話：03－851－0925 。 0939－194－784

②海祭儀式活動（MAP 吉安－13）
電話：03－852－3126（吉安鄉公所）
如欲參加請事先洽詢，祭場由花蓮市舊火車站右轉海濱路，直行即可見到會場標示。

06/14

阿美族海祭

〔吉安鄉 東昌村〕

花蓮市往花蓮大橋的海岸路，對一般人來說是連接花蓮縣的主要道路（一九三縣道其中一段），路過不停。其實這區塊一直延伸到花蓮溪出海口，都是世居於此的南勢阿美族領域，後來被縣道切分兩邊，每年阿美族海祭、成年禮等祭典，阿美族人都得跨過縣道，才能到達海邊祭場。

東昌部落的海祭（Milaedis）約在每年七月豐年祭前舉行，後來固定訂在六月的第二個週日，阿美族青年會在花蓮溪出海口搭篷，撿拾附近大石塊製作祭臺，放置祭品及漁網；祭司代表族人祭拜海神，緬懷祖先從海上漂流到臺灣的艱辛。感謝祖先流傳的捕魚技術，並祈求祖先庇佑捕魚順利，作物豐收。

「海祭」又稱「捕魚祭」，是僅次於豐年祭的年度盛典。祭司完成儀式後，各年齡階層的幹部要接受長老指示，開始準備進行三天兩夜的海邊捕魚活動與訓練，這段時間禁止女性進入營地。

近年僅在六月第二週日的海祭儀式當天開放外人參訪，若能參與敬請入境隨俗，但請事先聯絡，切勿勉強！

慕谷慕魚 遊客中心
(MAP 秀林－07)
地址：秀林鄉銅門村榕樹一鄰 2 號（仁壽橋的橋頭）
電話：03－864－2157
入山申請：乙種入山證可七日前事先上網申請，或當天至銅門派出所辦理申請（有名額限制與視當天狀況控管）。生態環境隨時受到人為與氣候影響，管制辦法可能調整，建議先致電銅門派出所確認。

06/15

步行走入慕谷慕魚吧！

〔秀林鄉　慕谷慕魚自然生態廊道〕

約十八世紀時，太魯閣族八個家族，從南投翻越中央山脈的奇萊峰、能高山來到木瓜溪河階地，發現適宜居住，建立部落時，以第一個家族 Mqmegi 命名 Mukumugi（慕谷慕魚）。這一塊區域在鄉村設治後屬秀林鄉同門村，後發現銅礦，改名「銅門」。

慕谷慕魚山勢落差大，日治時期開始在木瓜溪與支流清水溪興建水力發電廠，到現在共有八座。二〇〇五年成立遊客服務中心，也著手規劃由在地人經營接待導覽的「慕谷慕魚自然生態廊道」。

臺灣乾淨溪流大多稱為清水溪，木瓜溪支流清水溪源自能高山，也稱為能高清水溪，有一段彎月峽谷，大理石河床的溪水日光下翠綠耀眼，溪流裡臺灣鏟頜魚、日本禿頭鯊生態豐富，是最受歡迎的景點。

在封溪維護生態、開放觀光的不同立場拉扯過程中，大家學習與自然共存的方法。一四年夏天麥德姆颱風影響道路坍方封閉，一五年六月再度開放但只限步行。從檢哨站步行到彎月峽谷，需要約一個半小時，讓不少遊客選擇停留在龍澗吃冰、看看銅門發電廠的峽谷溪水就好。願意步行走進山林的人，請以尊敬心，享受大自然的豐盛，絕對值得。

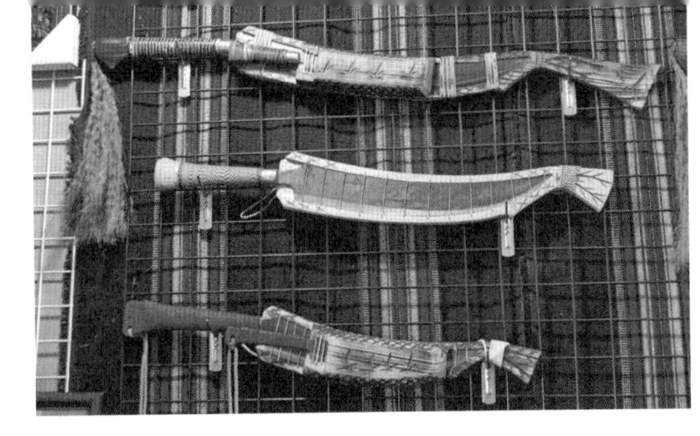

銅門山刀老街
(MAP 秀林一14)
位於銅門村「第七鄰社區」，在木瓜溪中游右岸，請在銅門派出所辦理入山許可後，依指標前往即可抵達。目前有：銅蘭鐵店、葉家鐵店、鄉野鐵店、連茂鐵店。

06/16

隨身一把刀

〔秀林鄉　銅門山刀老街〕

從前太魯閣族人上山，一把刀、一包鹽，就能在獵徑待上數日。開路、劈柴造屋、婚喪喜慶殺豬分食，也都要用到隨身的一把刀。

從南投翻山越嶺來到木瓜溪畔的太魯閣族人，居住的慕谷慕魚（銅門）有銅礦，並在日治時期與日本人學習精進打鐵製鋼技術，百年技術傳承，以精鍊銳利著稱。不但製作族人的刀，現在花蓮各原住民的山刀、農耕器具等，多是出自這裡的「銅門刀」。

手工鑄造一把上等的銅門刀，程序繁複，成本與產量都無法與一般市售刀競爭。原本銅門山刀老街有十多家鑄山刀打鐵鋪，現在約剩四家。當二〇〇五年「慕谷慕魚生態廊道區」由在地人主導營運後，也有旅人走進了打鐵鋪。

以砲彈殼鑄造的金門菜刀，對廚師或主婦很有吸引力。銅門刀在第二代第三代投入工作，把山刀縮小，設計動物外型，勇猛山刀頓時成為可愛紀念品，各自走出了一條路。

鯉魚潭遊客中心（MAP 壽豐－04）
地址：壽豐鄉環潭北路 100 號
電話：03－864－1691

光合作用戶外探險學校（MAP 吉安－04）
地址：花蓮市佐倉街 369 號
電話：03－857－2812

06/17-06/18

初級海洋獨木舟訓練課程

〔壽豐鄉　鯉魚潭〕

如何以海豚般的視野貼近太平洋？可以順暢呼吸靠著自己的雙手在海裡行進？應該就是獨木舟了。

在鯉魚潭邊，常看到有人垂釣、有人划船。一次在環潭單車道上，聽見鯉魚潭傳來很有精神的人聲，以為是練習龍舟的隊伍，仔細一看，是幾艘獨木舟！

光合作用戶外探索學校不定期舉辦二日的營隊，教學內容依照ＡＣＡ美國獨木舟協會教學規範進行。招生對象要年滿十五歲以上，六人開課，一起先在湖裡學習海洋獨木舟的基本操槳技巧、海象安全與風險評估、愛斯基摩翻滾、海洋環境的ＬＮＴ不留痕跡技巧，海上救援與自救等，接著到清水斷崖下，向太平洋出發！

聽說不會游泳也能參加，對於海洋一直很陌生的多數島民，絕對不太相信、不太安心。因為，我們的生活經驗都離海太遠。但來到鯉魚潭的人多半不怕在湖內划船，於是先在湖裡學習獨木舟技巧，成為克服心理障礙很好的方式。

「以自己的力量與大自然互動，看見自己的極限與自然的奧妙……」這是光合作用戶外探險學校的宗旨之一。

06/19

出海賞鯨

〔花蓮市　黑潮海洋文教基金會〕

大家穿好救生衣，船緩緩前行，港口前方左右各一個紅綠燈塔。解說員說，出了這裡浪就要開始了，不久，船跨越一道海水深淺分明的交界線，搖搖晃晃進入在文字裡看到的「黑潮」。

北赤道洋流速度穩定地由南往北經過臺灣東部，海水清澈高溫、水色如墨，所以又被稱為黑潮。有人形容洋流是海底的高速公路，黑潮帶來溫暖也帶來豐富的海洋浮游生物，大小海洋生命都順流覓食移動。

有的海豚家族已穩定聚居在花蓮近海，船長熟悉這些喜歡探出頭、躍出海面的海豚家族，今天可能會在哪一條海路上出來打招呼。一群數十隻，有時二三群……時常發現鯨豚時，其他船隻也立刻前來，如果聚集太多艘，這時黑潮解說員的船隻，會停得遠一點、或先離開去找其他群鯨豚，因為擔心太多船驚嚇到牠們。別擔心，這表示船長尋找鯨豚的能力很強！

黑潮解說員不只是擔任船長的傳聲筒，告訴大家鯨豚在哪裡而已。解說員會告訴大家海洋的故事，鯨豚是海洋生態系的高階消費群，如陸地上的人，是海洋環境的生命指標，關心鯨豚就是關心海洋的開始。

記得要回望陸地，像鯨豚一樣地望著臺灣，如果從沒好好地望過以為熟悉的陸地，保證會感動！

黑潮海洋文教基金會（MAP 花蓮市－38）
地址：花蓮市中美路 81 號
電話：03－824－6700

種子野臺
歡迎搜尋「不一定種子野臺／難道就這樣了嗎？那可不一定！」認識簡子倫的「種子野臺」

06/20

農曆五月初五，端午節

端午藥浴淨身日

〔花蓮市　種子野臺〕

以前都聽長輩說，「芒種」前後天氣還不穩定，到了「端午」才真是夏天來臨，可安心收起冬衣、棉被。

傳統在端午節當天，要進行驅除瘟疫和厄運儀式，門口插上艾草、菖蒲、榕枝，身上帶香包，在門口掛上鍾馗畫像，讓瘟神厄運不敢進來。

其實已經很少見到有人帶著香包，二〇一六年流浪者計劃得主「種子野臺」簡子倫，每年端午節前幾天，會綁好美麗的藥浴包，放在一些小店家銷售；採收曬乾包紮運送，收入抵不過付出，深深覺得是一種對他人的祝福與節氣的尊重。

簡子倫說：「一期一會龍舟日，洗癒才是正經事！」

他親手打包的洗癒藥浴包，裡面有：三月就摘採曬乾的茵陳（到五月就成茵蒿，沒有藥效只能當柴燒），艾草、月桃、香茅，然後用月桃葉包裹。與冷水一起煮到滾，擦澡或泡澡，一包可重複煮兩次，洗癒效果極佳。泡過就知道，通體舒暢，身心都收到祝福。

大安料理遊樂場（MAP 花蓮市－27）
地點：花蓮市永興路3號
電話：0978－634－455

06/21

魂入料理認眞玩
〔花蓮市　大安料理遊樂場〕

「這一道是……」大安料理遊樂場的服務生，每上一道菜就會說菜。雖然客人沒辦法聽完就記住，用意是讓客人知道：你吃的食物哪裡來？如何用心製成？甚至，怎樣吃的次序會順口。

也許客人在聊天，但總得停下來聽聽，這時，心思會被貼心地帶回食物，這樣反覆十幾次，吃完一餐豐盛的大安創意料理。肚子超飽，還真的知道自己「吃了什麼」。

當人們以價格選食物時，其實不會對食物產生感謝。英文俗諺「We are what we eat」，大安的料理，會讓食客產生「謝謝你重視我的（生命）食物」的心滿意足。

大安在日本學的是會席料理，與優雅緩慢的懷石料理氣氛截然不同，是以前貴族與有錢人宴客時的料理，每道菜都要花樣百出，華麗與優雅兼具，讓酒酣耳熱的客人感到驚豔，花點時間回到食物上。這樣自由多變的料理形式，廚房裡的廚師可要非常有功夫！

功夫到一程度，精準到位成為一種遊戲。大安稱自己的店是料理遊樂場，他選擇了很不討喜的一件事，把視覺變簡單，所有食物擺放整齊，讓客人回到嗅覺與味覺的深刻體驗。這是大安對身為料理職人，一輩子追求的驕傲。

百合

臺灣百合是觀賞型，花不能食用，過去食用百合多由日本進口，現在臺灣也有種植食用百合，而且有機，主要產地在花蓮。

花蓮有機農戶引進緯度相近的荷蘭品種—姬百合，秋天栽種、清明後採收，一年一收，百合鱗莖採收後以木屑包好，冷藏一個月澱粉轉化為醣類才能食用，是秋季養肺止咳、養心安神的好食材。

李家豐有機農場
地址：壽豐鄉豐里村中山路188號
電話：03－865－1487

06/23-06/24

金黃豐收，注意飛鳥

〔花蓮縣　臺九線〕

這時節的臺九線兩旁，金黃稻田絕對會吸引目光。南下到玉里段後，更有較廣闊的整片稻田。

現在發現任何秘境，恐怕都有人去過，網路上都找得到。一九三〇年興建的秀姑巒溪大橋，後來發現橫跨歐亞大陸與菲律賓兩大板塊上，竟然每年長高，擔心行經其上的火車安全，於是規劃截彎取直，新建「源城虹橋」，在二〇〇七年完成通車。這兩座拱橋坐落在廣袤的稻田間，意外成了旅人在網路上分享的經典拍照景點。

也有些小角落讓人會心一笑。行經玉里鎮二八二至二八四公里兩端的路邊，會看到上面畫著黑色燕子的指示牌，大字「注意飛鳥」，請車輛減速慢行、視線不佳時開頭燈。

原來是因為家燕過境臺灣時，會在玉里鎮三民、大禹地區棲息較久。這段路的兩旁種了很多芒果樹，春天時芒果樹上很多的綠葉蟬、褐綠葉蟬、二點小綠葉蟬，家燕會成群低飛下來覓食。

因道路筆直，一些車輛速度加快，覓食俯衝低飛的家燕不懂閃躲，曾每天撞死數十隻家燕，農夫看得不忍，自己寫牌子提

醒來往車輛，後來才有玉里工務段工作人員設立的告示牌。

如今需要注意的似乎已不限家燕，近年每天大清早，常見大舉入侵的外來種泰國八哥（白尾八哥）在路上跳來跳去，一年間隨時都有鳥類會低飛，請開車經過時，務必注意。

客城橋（MAP 玉里—02）
從臺九線玉里往南安方向，進入客人城，就可看到這二座醒目的客城橋。

06/25

有機芭蕉採收

〔壽豐鄉　阿宏有機芭蕉農園〕

五年多前剛結束中國的工作，到花蓮散心找親戚的鍾明宏，很喜歡花蓮的環境，但沒預料會在花蓮定居，成為有機農夫。

「沒想到親戚看我有興趣學，就把芭蕉園交給我，他們又回高雄去。」阿宏笑著，沒想過人生會這樣峰迴路轉，從電視購物生意人變成有機農夫。

阿宏很認真，到處上課學習，也請教其他有經驗的農夫。芭蕉農都跟他說：「你要在這裡種有機芭蕉？不可能。」因為芭蕉若染病，發病快馬上就掛了。如今他的芭蕉園，是花蓮唯一的有機認證芭蕉園。

「園子裡常遇到蛇啊蟲啊的，颱風比較可怕，芭蕉全倒損失慘重，但現在的生活啊，很踏實。」阿宏也覺得很奇妙，在農園裡四五年，心態漸漸地改變，即使天災造成損失，也不會像在中國闖天下時，受到挫折，氣餒到覺得天要塌了，深深明白了農夫靠天吃飯的謙卑。

鍾明宏有機芭蕉農園
(MAP 壽豐－26)
電話：0936－302－306
（阿宏）
請支持直接跟產地購買的青年務農模式，「壽豐印象」門市當季有賣。

06/26

來看爬樹的螃蟹

〔花蓮市　美崙溪畔〕

「你看過會爬樹的螃蟹嗎？」在美崙溪畔就能看到！又稱樹蟹，是少見的螃蟹種類，現在海岸河口或靠近溪流水源處，這類陸蟹家族在臺灣的成員超過三十種；第一隻「林投攀相手蟹」的模式標本，就是一九〇〇年在美崙溪畔採集到的。

洄瀾風生態團隊的執行長吳昌鴻，從小跟著媽媽參與花蓮鳥會活動，國高中是科展生態組的強將；大學更忙碌，在太魯閣國家公園擔任大專生義務解說員、到豐濱鄉港口賞鯨船當解說員、參與學校生態研究調查。臺北工作幾年後，回花蓮成立洄瀾風生態團隊，與美崙溪畔的民生社區發展協會「將軍府環境教育中心」合作，每年舉辦多場以孩子為主的生態觀察之旅。美崙溪近出海口的沿岸蟹類多達十二種，吳昌鴻不在意孩子能記得多少物種學名，會一起幫螃蟹取名字，像是字紋弓蟹（扁扁蟹）、中型仿相手蟹（巨神兵）、毛足圓軸蟹（聖誕紅）、還有滿天星、樹精靈……希望孩子對小生命產生親切感，樂於參與自然環境的秘密集會，比較重要。

美崙溪沿岸不止可以騎單車，清晨傍晚稍停，也許就會看到橫行的螃蟹來跟你打招呼囉！

將軍府環境教育中心（MAP 花蓮市－03）
地址：花蓮市中正路六一八巷2號
電話：03－822－7121

06/27

百年未休耕

〔豐濱鄉　新社水梯田〕

臺十一線除了看海，也有人是慕名前來目睹世界少有的臨海梯田。

從磯崎海灣往南邊遙望，有一片突出的半島地形逐漸深入海洋，那裡是新社臺地，噶瑪蘭族一百多年來養育世世代代的耕作之地。新社的噶瑪蘭語即是「萬物生養之地」，是祖先從宜蘭輾轉遷徙到此，對新家園的期盼。噶瑪蘭族有嫻熟的農耕技術，將臺地開墾成約二十甲的緩坡梯田，最初種植旱稻，山上灌溉水渠接通之後，改種水稻。

善於耕種的噶瑪蘭族也會出海捕釣，當三月刺桐花開，提醒噶瑪蘭族人又一年開始，便舉行海祭，四月到九月出海捕捉飛魚、抓龍蝦等，整年勤奮上山下海。

過去農民習慣噴灑農藥，農藥經由滲入土壤雨水沖刷，流向海洋，吃自己捕撈魚的族人，見到沿海的珊瑚礁逐漸出現白化現象。曾經教授阿美族人種植水稻技術的噶瑪蘭族人，不論年輕農夫與年老農夫，都有共識要繼續學習。二〇一四年與花蓮農改場合作，嘗試有機農法。期待數年努力後，新社水梯田不再只是美景、糧倉，「萬物養生之地」，真正照顧到山與海的一切。

新社水梯田 (MAP 豐濱－15)
地址：約臺十一線 43.5 公里（噶瑪蘭海鮮餐廳旁）

06/28

農曆五月十三，城隍爺誕辰

花蓮最早城隍廟

〔瑞穗鄉　富源保安宮〕

老一輩的說，清朝政府篤信城隍爺，規定漢人每拓墾一處新地，就要蓋城隍廟。彷佛另一種形式的協助地方官管理事務，新官上任的前一晚，都要先去拜城隍爺。已有一百多年歷史的富源保安宮，是花蓮最早的城隍廟。

早在漢人到花蓮之前，縱谷多是阿美族的領域。一八八九年，漢人陳芳榮在瑞穗富源瑞美村蓋茅屋奉祀霞海府城隍，取名保安宮，祈求神界地方官保佑漢移民拓墾順利，小小茅屋歷經後代集資改建成現今規模。

各地城隍爺生前是不同的人，成為城隍爺後位階也不同，於是生日也不是同一天。

瑞穗保安宮的城隍爺誕辰前一夜，有夜巡「暗訪」民間的習俗，鄉內各陣頭皆共襄盛舉。十三日誕辰當天，擴大遶境活動，成為地區最大的盛事。各陣頭使出渾身解數挑大鼓競技、沿途民眾放鞭炮，熱鬧極了！後來演變成全國性「鼓王爭霸戰」，每年暑假特別擇二天假日，邀請全國鼓隊來較勁，二〇一五年是在七月十一日那週，七月時將會介紹。

日治時期皇民化運動大毀傳統廟宇，瑞穗保安宮的城隍爺曾因此藏身在富興山腳的一棵茄苳樹下，所以後來遶境時一定會安排回到這昔日的避難處，不忘共患難的感情，有情有義，實在是民間信仰的可貴！

瑞穗鄉 富源保安宮 (MAP 瑞穗－08)
地址：瑞穗鄉富民村一鄰239號
電話：03－881－1306

06/29

產地限定金多爾筍

〔瑞穗鄉　德武部落〕

花蓮山邊部落，年輕人多數到外地工作，部落裡多是老人小孩，形成較閉鎖生活圈。除非拜訪友人等特定目的，多數不易進入部落。

在一九三縣道上的德武與春日部落，有一種被美譽為「筍中極品、筍中之王」的限地食材「金多爾筍」，在德武部落裡買得到，進不進去？

部落有一間雜貨店，裡面也賣在地人採收的當季食材，例如一袋A5大小塑膠包裝的豆子，是阿姨在河邊採集，吃不完拿出來賣，處理得乾乾淨淨一包竟只賣十元。部落時光不用金錢換算，展現的是阿美族勤奮天性。彷彿塑膠袋上印著簡單幾個字「這就是生活」。

每年的六月到十一月是金多爾筍產期。那是德武與春日部落一帶獨有的深山野生植物，生長在玉礦脈中，所以也稱為「玉礦筍」。和豆子一樣，都是部落裡的季節食材。外型與桂竹相似，口感清脆，煮湯時散發甜美的乳酸滋味。又有一稱號「颱風筍」，因為曾經遇到颱風各種作物都受損，金多爾筍反而長得更好，幫助部落度過飢荒。二〇〇一年，玉里鎮公所將德武地區「金多爾筍」產區列入護育區。金多爾筍採收後汆燙處理就冷藏保存，所以進雜貨店買時要用問的。

德武部落（MAP 瑞穗－19）
在行政區屬於玉里鎮德武里，有兩個部落，一為下德武部落、一為苓仔濟（苓雅）部落。要去的是「下德武部落」位於秀姑巒溪右岸瑞穗大橋南端一百公尺的臺地。

06/30

行動郵局車

〔玉里鎮　一九三縣道沿線〕

一九三縣道上，除了有花可賞，還有另一個會移動的風景，叫做「行動郵局車」。這是花蓮玉里特有的郵政文化。

玉里鎮被秀姑巒溪割成兩半，過於狹長的地形，若設定點郵局不敷成本，於是從一九八八年開始初代「行動郵局車」，每天早上從玉里鎮郵局出發，緩緩行於一九三縣道，行經十一個站幫助民眾辦理儲蓄、匯款。一九九八年上路的二代行動郵局車，是從臺北陽明山退休下來的，聽說以前是服務住在陽明山上老國大代表的交通接送，不知是真是假，但第二代可是一臺賓士小巴呢！只可惜後來冷氣壞掉竟然不能修，那幾年郵差只好在夏天吹電扇、光臂膀了。

終於二〇一五年四月，換第三代接手，雖然讓許多民眾大喊「捨不得」，但郵差也是需要好一點的工作環境，才能有更好的心情服務囉！第三代郵局車還有一項新工作，「行動挑書站」，只要喜歡看的書，都可以取閱。

行動郵局車

(MAP 玉里鎮一九三縣道沿線)

主要行政區與郵局都設在秀姑巒溪西岸，行動郵局車沿秀姑巒溪而行，服務東岸居民。

夏。七月 消暑才有趣

國曆七月七日
小暑
典型夏季，晴空萬里無風

國曆七月二十四日
大暑
一年中最熱，偶爾一場涼爽西北雨

七月放暑假，當然要玩個過癮！俗話說：「小暑過，一日熱三分。」請謹記（容易忽略）的原則—白天盡量從事室內活動，或是到有綠蔭的大自然。戶外黃金時間在早上十點之前、下午四點之後。

對孩子來說（也許對家長也是？）很棒的消息：花蓮在地團體舉辦的戶外夏令營逐年俱增—光合作用戶外運動學校、黑潮海洋文教基金會、荒野保護協會、紅十字會、池南自然教育中心、縣政府教育處等，單日至數日活動均有，上山下海貼近自然生態、鍛鍊體能。

想要自由活動的，戲水最消暑。海岸山脈有數條清澈溪流，大眾熟知者如：易親近的壽豐鄉白鮑溪泡腳撿玉石，老少咸宜的壽豐鄉十二號橋湖溪，涼透透的鳳林鎮鳳凰瀑布，一路刺激的秀姑巒溪泛舟……親身體驗後就理解，為什麼花蓮的孩子不愛游泳池。

趁暑假，慶典活動也多。阿美族一年最大慶典豐年祭，花蓮約七月中起由南往北各部落陸續舉辦，豐年祭是族人團聚與懷念天神祖靈的日子，欲前往的外人請先洽詢，尊重在地禮節

規範。還有，撒奇萊雅族族火神祭、客家拔仔庄「鼓王爭霸戰」、手作者聚集鹽寮海邊「海或。瘋市集」。

你看！消暑的樂子很多吧！

07/01

清溪綠蔭

〔壽豐鄉　白鮑溪〕

曾驚訝於假日午後遊覽車開進「白鮑溪生態步道」停車場，接著溪水裡的人潮如下水餃。但來自木瓜溪支流的荖溪水質清澈，實在是夏日親水的好地方，於是改為一大清早前往，果然再度聽得到潺潺溪水風聲鳥鳴，陽光也較不酷烈。

溪的右邊可開車上到攔砂壩，但建議停車從左邊綠意盎然的生態步道。上行一段，中途就有小徑可下到白鮑溪，溪流平緩有樹蔭；跨過溪水往山邊靠近，才有較深一點的水，是小孩子都可站好的高度，盡情地翻滾、觀察（其實是追逐）小魚小蝦。想游泳的大人，就要走步道再往上，不消五分鐘可到水較深的攔砂壩。

從中央山脈而來的白鮑溪與荖溪同為鯉魚潭上游，供應壽豐鄉飲用，水質清澈。這裡適合怎麼享受？坐在石頭上，把腳放進潺潺聲響，溪裡石頭看得一清二楚，靜待一會兒，也許就有小魚小蝦路過。亞熱帶豐富林相間充滿夏日蟬鳴的交響樂，心卻輕易靜下。

從公路過來這裡的路徑，是全長七・三公里的自行車生態步道。騎自行車、溯溪、觀察生態都很好，但請不要坐遊覽車進來。

①白鮑溪生態教室（MAP 壽豐－06）
從臺九丙線經鯉魚潭往北，或從臺九到壽豐有指標右轉南往白鮑溪，均可抵達荖溪橋附近，路口就有白鮑溪的指標。

②如豐琢玉工坊（MAP 壽豐－21）
地址：壽豐鄉忠孝街 91 號
電話：03－865－2323

07/02

有故事的臺灣玉

〔壽豐鄉　如豐琢玉工坊〕

白鮑溪設立生態教室等空間後，成為極受歡迎的親水勝地。還有個原因吸引人，清澈溪水中偶爾會發現閃著綠或紫光的石頭，那是聞名的豐田玉和蛇紋石。「到白鮑溪撿玉石」成為來花蓮的一項特別行程。

一九三二年日人中島氏在豐田荖腦山上打獵時，發現有石棉礦露出地表，遂開啟日治時期到戰後，在此開採石棉的產業。一九四九年臺大地質系黃春江教授關於臺灣石棉的一篇文章中，最早提到這裡有石棉也同時有軟玉（近年改稱閃玉）。後來經過證實，一九六五年進行開採，掀起豐田近十年如夢般的玉石王國時光，幾乎每戶都有人參與生產線的工作，採礦、加工、銷售；豐田玉的產出量曾占當時世界軟玉第二位，那時豐田人在花蓮，等同富有人的代名詞。

只是經過猛烈炸礦急速開採的礦源很快枯竭，玉石產業鏈從源頭斷裂，多數礦坑荒廢，現在僅少數幾處礦場繼續開採蛇紋石及少量豐田玉。細小玉石滾入溪流，偶爾被人撿拾，成了生活樂趣的紀念品。如果運氣好撿到豐田玉，想要琢磨成墜子等，可以去「如豐琢玉工坊」，付費請老闆琢磨或自行DIY。去琢玉時，請老闆說說當時的傳奇風光，還能撿個好故事。

①平林遺址（MAP 萬榮－02）
地點位於花蓮縣萬榮鄉西林村的西南方。

②鳳凰瀑布風景區（MAP 鳳林－02）
從臺九線外環道進入鳳林鎮後，鳳林國小附近轉進水源路，直行抵達瀑布風景區的停車場，左邊思源橋即是通往瀑布山路的起點。

07/03

史前臺灣最大玉工廠

〔萬榮鄉　西林村平林遺址〕

白鮑溪裡撿拾的豐田玉，早在四五千年前就已被人拿來製成玉飾，還「外銷」到菲律賓以及越南等環南海島國家。是不是很酷！

一九二九年著名的博物學者鹿野忠雄，第一個發現這件事。他撿到了豐田玉，不是在白鮑溪，而是在萬榮鄉西林村河階臺地的農地，農地表面遍布玉石廢料。農人以為的碎石塊，其實是大量的玉器、玉料，搥打的石英塊、石刀、石矛、石斧等，還有繩紋紅陶古物。

豐田玉出現在臺灣一百多個遺址中，臺東史前博物館著名的鎮館之寶「人獸形玉玦」，代表卑南遺址文化的玉器，就是由豐田玉製作，當時的人們喜愛配戴豐田玉製的項鍊、耳玦、手環。

鹿野忠雄當初撿拾起玉石的地方，二〇一〇年訂定為縣府一級古蹟「平林遺址」，遺址範圍分布有工作與吃飯等區域，猜測應該是全臺最大、也是全世界唯一有製玉工廠的遺址，距今約四五千年。所以有專家學者建議應指定為國定遺址。

07/04

瀑布下透心涼

〔鳳林鎮 鳳凰瀑布〕

很多鳳林鎮人都有在鳳凰瀑布玩耍的童年記憶。瀑布位於西鳳林山與鳳凰山交接的半山腰上，這裡是鳳林溪水源地保護區，水量豐沛水質甘甜。

鳳凰瀑布多年前曾因水土保持問題造成土石流，淤積後水變淺，雖然有鳳林人嘆息沒以前美麗，但現在可直接跨過水域走到約十多公尺高的瀑布下方享受清涼。潺潺水流沖刷石壁嘩啦響，撞擊後冒出無數活蹦亂跳的水珠，帶來陣陣有勁的涼風。有沒有人也想要伸手穿過瀑布，探探看是不是別有洞天……

07/05

來盤韭菜臭豆腐

〔鳳林鎮 韭菜臭豆腐、吉安鄉 荳蘭橋臭豆腐〕

鳳林國小對面騎樓下，有一間下午開始營業的臭豆腐攤。花蓮有幾家廣為人知的臭豆腐：玉里橋頭臭豆腐、鳳林韭菜臭豆腐、吉安荳蘭橋臭豆腐。後二者有一共同特點，有韭菜。聽說兩家還有些關係，各自二十多年的歷史，都生意極好。

兩家菜單雷同，炸臭豆腐、蒸臭豆腐鍋、大腸蚵仔麵線。味道也不分軒輊，豆腐炸得酥是基本，韭菜香是特色，泡菜酸脆是最佳配角，辣椒更是隱藏版的厲害美味。

若要說有無其他特色，吉安荳蘭橋臭豆腐好像略勝一籌。搬家後新店面夠大，老闆拿出數十年收藏，大方裝飾在店面與人分享。老招牌、老海報……彷彿回到五六〇年代，那是老闆鍾愛的年代吧！還有數臺保養得宜有價值的舊式腳踏車，聽說老闆還有更多收藏呢！

鳳林韭菜臭豆腐
(MAP 鳳林－13)
地址：鳳林鎮中正路二段18號（鳳林國小對面）
電話：03－876－3469

吉安荳蘭橋臭豆腐 (MAP 吉安－18)
地址：吉安鄉吉祥一街11號
電話：0955－163－836

預約泥火山豆腐DIY農家（MAP富里－08）

大自然泥火山豆腐
地址：富里鄉羅山村十二鄰58號
電話：03－882－1352

溫媽媽泥火山豆腐
地址：富里鄉羅山村71號
電話：0930－791－822

07/06

泥火山豆腐

〔富里鄉　羅山有機村〕

羅山村雖以臺灣第一個有機村著名，但吸引旅人前往的理由，首推泥火山豆腐。

以前的農人不喜歡泥火山，因為被泥噴過的土地，沒辦法種東西。泥火山是怎麼變成做豆腐的好幫手呢？原來是在日治時期，黃豆不用上繳政府，羅山村的一戶溫家媳婦要為家裡加菜，想用黃豆做豆腐，正當為了無法凝固而大傷腦筋時，巧遇一位陌生老人，告訴她去山頂拿火山泥，沉澱後就成為天然鹽鹵，豆腐真的成功凝固，而且非常可口。

隨著生活逐漸富裕羅山村人不再自製豆腐，泥火山繼續被嫌棄地噴了幾十年。當二〇〇二年羅山成立有機村時，眾人想著家鄉哪些特色可推廣時，溫家人憑著模糊印象，再次試做成功。既然是有機村，就用自己種的黃豆來做泥火山豆腐，材料有機又天然，味道也非常好。農家戶戶推出預約有機餐以及旅人預約DIY做豆腐，就這樣，打響羅山村的名號！

去羅山看世界少有的泥火山，力道小但不停歇地頂著泥漿緩緩湧出氣泡，周圍一團灰泥，怎麼看都覺得以前的老農不喜歡是應該的，但這卻是讓羅山有機村被看見的功臣。日治時期陌生老人與溫家媳婦透露的，應該是老天爺賞賜的秘密呢！

①花蓮好市集

地址：花蓮自由廣場（花蓮市中山路與建國路交叉口大郵局旁）

②海或。瘋市集（MAP 壽豐－28）

地址：壽豐鄉鹽寮村福德82號（臺十一線11公里海洋公園斜對面）

活動日期每年會稍有前後調整，欲前往參加，請事先聯絡確認。

芥藍菜

夏日炎炎，適合少肉多蔬果，自然清淡的食物。來盤漂亮又營養的當季蔬菜，芥藍菜是很好的選擇，水分不多、表層有蠟質，炒起來葉片漂亮不失水萎縮，口感豐厚，爽脆不硬。蘇東坡曾讚美：「芥藍如菌蕈，脆美牙頰響。」

07/08

夏日瘋和平的市集

〔壽豐鄉 海或。瘋市集〕

二〇一一年開始，每年夏天鹽寮「海或手作民宿」舉辦一週的海或瘋市集。當太陽逐漸退位時，沿著屋旁、石階、大樹下、草地上，約一百個攤位陸續擺出。已在世界很多角落堆過石頭的國外藝術家，像個孩子在岩石間跳來跳去。好奇問是哪國人？他單純的眼神看著你，「我是地球人！」

不收任何攤位報名費，特別提醒需要大家相親相愛、互助合作來完成。要求自備環保碗筷、隨身杯等。這樣的市集，怎叫瘋呢？嗯，看過晚上的演出再說吧！真的很瘋，其實還滿搭調的。

07/09

小路下去就是太平洋

〔壽豐鄉　鹽寮海岸〕

鹽寮居民二十多年前應該沒有想到，現在會有近千人從全臺到此參加夏天為期一週的海邊市集，更不會想到，沿路蓋滿地中海風民宿，成為花蓮最密集的民宿特區。

鹽寮原是個濱海小村，日治時期有煮製鹽產業，因此被稱為「鹽寮」。這裡有一個小漁港，漁民以補龍蝦為業。約二十多年前政府規劃興建較具規模的漁港，沒想到蓋好的堤防引發突堤效應，造成海岸內陷沙灘消失；第二次改善工程，又造成漂沙淤積過多，休閒涼亭與消波塊有好多沙淤積。

終究，這裡的漁民還是沒有漁港停漁船，只能照樣划竹筏捕龍蝦。後來地方政府乾脆改稱為「休閒觀光漁港」，變成旅人戲水的沙灘。

確實事情還沒完，突出海岸的堤防持續攔截沿岸海流夾帶的漂沙，無法繼續南漂到水璉，是否成為水璉美麗沙灘一直消失的關鍵？還是從小村落找一條小路走下海灘吧！大小石礫偶夾雜漂沙是這裡海岸原本的樣貌，螃蟹、寄居蟹在縫隙中爬行，水鳥覓食。

臺十一線石門到石梯港之間的「人定勝天」大石塊，在二〇一五年被颱風大浪打落海底，人需要更多誠意，理解大自然。

①鹽寮休閒觀光漁港（MAP 壽豐－05）
位於臺十一線 8 公里處。

②鹽寮十二號橋（MAP 壽豐－07）
約臺十一線 18.5 公里處，十二號橋的新舊橋並行，從新橋旁的蜿蜒小路走進溪谷。

07/10

初級溯溪體驗

〔壽豐鄉　十二號橋〕

海岸山脈一直在長大，水從源頭很快地溜進海裡。平日溪水清澈見底，颱風暴雨時就可怕了，陡斜的溪流會因大水沖刷滾石滑落改變樣貌。幸運的是，十二號橋是一條可愛可親的小溪流，靠近出海口的尾端平緩易走，屬於簡單的A級溯溪初體驗，小孩老人若有熟悉這條溪流也懂溯溪的人帶領，溯一小段體驗不成問題。沿溪生態豐富，溪蟹、溪蝦、青蛙、蝴蝶，地層抬升溪流下切而裸露出的岩層節理……很適合學生做生態觀察。

花蓮有專業團隊帶領溯溪行程，欲自行前往得事先認識溯溪基本須知。終點是兩層樓高的瀑布，路程約兩小時內抵達，是非常暢快的半日行程。

因為這些年前來溯溪的人越來越多，曾留下垃圾與破壞，忍不住呼籲：這條小溪流藏有世界級生態景觀讓人驚豔，前往時請務必照顧自身安全、也愛護溪流環境。

07/11

客鼓鳴心

〔瑞穗鄉　鼓王爭霸戰〕

拔仔庄主要廟宇保安宮，建於一八八九年（清光緒十四年），居民在城隍聖誕時會以鼓陣遶境方式慶祝，是已持續百年的傳統，當天鑼鼓喧天，是社區裡最熱鬧的日子之一。

原本只是傳統廟會的鼓陣，因為鼓隊都是在地組成，除了需要練習基本的鼓藝技巧，在大家的身高、年齡、體力不一的情況下，得經過無數練習，培養極佳默契，才能一起穩穩地抬起轎鼓，敲響一陣陣撼動人心的鼓樂。沒想到社區人越打越有心得，甚至擴大成全國性的「鼓王爭霸戰」。「鼓王爭霸戰」近年得到客家委員會的支持，成為臺灣客家十二大慶典活動之一，積極邀請臺灣各地頂尖鼓藝團體參與，設計創意、掌旗氣勢、精神表現等都是較勁重點，已從鄰近社區的傳統鼓陣拚鬥，脫胎換骨成全國性的展技表演。

越來越盛大的活動，激發了社區人學鼓的熱潮，孩子在學校、家長在社區活動中心，紛紛學習擊鼓，就為了在每年七月這陣仗，在舞臺上較勁。社區協會接待外地訪客時，也教授簡易擊鼓，意外成為一項有意思的活動安排，有興趣可以預約嘗試體驗。

①鼓王爭霸戰（MAP 瑞穗－08）
地點：瑞穗鄉富源國小
活動日期每年會稍有前後調整，欲前往參加，請事先聯絡確認。

②秀姑巒溪泛舟中心（MAP 瑞穗－03）
地址：瑞穗鄉瑞良村中山路三段 215 號
電話：03－887－5400

07/12

秀姑巒溪泛舟

〔瑞穗鄉　泛舟中心〕

提到瑞穗秀姑巒溪，第一個印象是「泛舟」吧？秀姑巒溪從瑞穗大橋流到長虹橋出海口，二十二公里的流域，高低落差六十五公尺，歷經二十多個蜿蜒激流，是全臺灣最熱門的泛舟勝地。

秀姑巒溪是東部第一大河川，總長約一〇三公里，多個源頭來自中央山脈，其中之一是花蓮最高的秀姑巒山；這是海岸山脈地區數百條溪流中，唯一切穿堅硬的海岸山脈來到太平洋的一條，因此相當美麗。在海岸山脈間曲折數千萬年，形成多變的斷層峽谷與曲流，堆積高起的臺地土壤豐厚，成為人們落腳安居的村落。

從奇美山路的瞭望臺，可鳥瞰到德武河階與舞鶴河階，即是人們聚居的村落。早期原住民會在秀姑巒溪運用船隻運送，比行路來得快速，在一九八一年就發展出泛舟活動，沿途激流與險灘、峽谷奇岩，在刺激驚嚇中一幕幕美景流過，遼闊出海口美麗太平洋在終點迎接。經歷過的，都很難忘！

07/13-07/14

部落文化體驗

〔瑞穗鄉　奇美部落〕

每年夏天秀姑巒溪泛舟活動重要的中繼站，奇美部落，是秀姑巒阿美族重要的文化發源地之一。這個古老部落，至今仍然保有傳統的祭典儀式與年齡階級組織，想要認識秀姑巒阿美族文化，奇美是非常值得參訪的部落。

當二〇一五年奇美部落抗議文物館被瑞穗鄉長以酬庸性質處理、豐年祭時部落設定旅人拍照攝影須事先申請，這些自主性訴求新聞出現後，有的人對於奇美感到好奇，但也顯得不知如何接觸較適宜。事實上，誰會希望自己家族在祭祖時，有外人不斷拍照介入呢？如果有同理心，就能理解奇美部落為何挺身維護自身權益。別忘了，阿美族人天性友善又幽默，不如，先以較輕鬆的方式認識奇美部落，預約參與部落深度旅行。奇美部落在很多年前即開始有半日、一日、二天一夜的深度旅遊行程規劃。

二日一夜比較從容。內容主要有：參訪傳統家屋，秀姑巒溪Misukap（收蝦籠）、Tafokod（撒網）、做Cifar（傳統器皿）、烹煮石頭火鍋（部落風味餐）等，視情況規劃。

對於嚮往參加傳統豐年祭的人，建議在豐年祭前先來參與深度旅遊行程，對阿美族文化有初步認識，也較能以訪友的心情參與。

不敢嘗試泛舟的朋友，奇美部落還設計了一種老少咸宜的活動參加—漂漂河，坐輪胎在秀姑巒溪裡自由漂浮。阿美族人，真的很幽默喔！

預約深度旅遊行程（MAP 瑞穗－12）
聯絡人：潘桂美小姐或蔣金英老師 03－899－1220、0963－593－571、0912－523－026（皆可撥打）

07/15

Cepo'，在河口

〔豐濱鄉　奚卜蘭島〕

秀姑巒溪入海處有一個半足球場大的河中島，叫 Cepo'，漢人名為「奚卜蘭」，島上沒有任何建設，保留自然生態。阿美族老人曾說，以前的 Cepo' 島「白天是綠色的，晚上是白色的。」因為傍晚會有成千上萬的白鷺鷥回到島上夜棲，白色就占滿綠樹梢。

溪裡也有很多白色的美麗。經由溪流不斷沖刷，將古老火山集塊岩上的石灰岩層切割出雪白大石頭，眾人以「秀姑漱玉」稱讚她的美。

最早阿美族在秀姑巒溪河口建立的部落，稱為 Cepo' 早已消失，港口部落許多代都僅默默傳說，不多對外談論的傷痛。

一八七八年，Cepo' 部落不滿清兵治理數次對抗，遭清兵設計邀請部落青年飲酒談和卻誘殺；史載死亡一百六十五人，僅五人逃走，部落老弱婦孺四散。多年後，族人太想念故鄉搬回，但不住在原居地，逐漸有了大港口、港口、石梯坪、石梯灣四個部落，現在的港口村。

Cepo' 島（奚卜蘭島）是都巒山層的火山角礫岩或碎屑岩組成，溪流不易侵蝕的堅硬，是臺灣唯一位於河流出海口的島嶼。

「秀姑巒」是阿美族語「Cepo'」的演譯音，意思是「在河口」。秀姑巒溪源頭之一出自秀姑巒山，這裡的溪流、山脈、島嶼，都因Cepo'命名，祖先會永遠留在人們的記憶。

Cepo' 奚卜蘭島 (MAP 豐濱－02)
位於臺十一線港口村，秀姑巒溪出海口。

07/16

第一場豐年祭

〔豐濱鄉 靜浦村〕

花東阿美族豐年祭，是各部落間年度最盛大的慶典活動，代表一年之始。各部落日期不一，由耆老決定，七月由臺東的部落開始，陸續往北接力登場，一直到九月初，二〇一五年，花東共有兩百八十一場之多。

在花蓮通常是由最南端的臺十一縣（海岸線）豐濱鄉靜浦村，為花蓮開啟第一場部落豐年祭。

以往傳統阿美族豐年祭，長達一星期，但族人在外工作必須請假返鄉，一週時間有實際上的困難；近年各部落耆老決定縮短豐年祭天數，例如二〇一五年靜浦村的靜安部落舉辦二日、查威部落舉辦五日。在都市裡的族人逐漸形成小型聚落，視為「第二故鄉」，也就近在居住地舉辦小型豐年祭。

豐年祭是族人團聚與懷念天神祖靈的日子，不同於公辦的觀光性聯合豐年祭，欲前往的人須多些理解與祝福。多數部落也友善設定歡迎外地客人前來參與同樂的宴客日，靜安部落是七月十六日，查威部落是七月十八日。尊重各部落的祭典規矩，入境隨俗，才能賓主盡歡。

①靜浦村豐年祭（MAP 豐濱－07）

靜安部落：靜安部落廣場　（豐濱鄉靜浦村靜浦 53 號）

查威部落：太陽廣場（陶甕百合春天餐廳前方，靜浦村 138 號對面）

每年舉行日期每年由各部落討論決定，請事先與各鄉公所確認。

②尋找海稻田（MAP 豐濱－16）

位於石梯坪，約臺十一線 63.5－65.5 公里處。

07/17-07/18

聽海唱歌的稻收割

〔豐濱鄉　石梯坪復耕海稻田〕

近兩年，新社村嘗試轉向自然農法、靜浦村梯田復耕，似乎是受到中間好鄰居港口村的正面影響。港口村數年前開始以自然農法，在廢耕二三十年的田地上復耕。

原本沒人相信會復耕，因為現實是：人口外流、老農無力耕種，只能陸續廢耕。當新社農夫肯定地說：「我們不賣地。」港口部落的 Sumi（舒米）卻看到家鄉休耕地被外人買去蓋民宿，長年參與向公部門爭取「還我土地」運動的她，體悟到同步活化廢耕多年水梯田是當務之急，決定號召族人朝復耕努力。

二〇〇九年舒米尋求水利會、林務局、農改場各方協助，修復石梯坪的一條廢棄「水路」，再說服六十八位農夫一起以自然農法耕種。梯田的單位面積小，很多工作只能靠人力，不用農藥肥料，照顧管理特別辛苦。

「以前也沒用農藥、也是互相幫助，有什麼不可能」的信念，終於在二〇一二年，復耕梯田收割了，阿美族稱為 Mipaliw（米粑流）的互助耕種方式又回來了。意外地帶動鄰近村子都躍躍欲試。想想，聽海唱歌的田，又不用農藥，是多麼健康的米！期待對土地良善的臨海梯田，能一塊塊活過來。

07/19-07/20

里山倡議百年梯田

〔富里鄉　豐南村吉拉米代部落〕

「米粑流」是阿美族語「互助」之意，在傳統農耕中，族人會一起互相幫忙插秧、除草、收割。海岸山脈縱谷這一面，最高峰麻荖漏山下的豐南村有個阿美族部落「吉拉米代」，有一片百年來持續耕種的「吉哈拉艾梯田」；部落在此劃出一塊公田，讓孩子與老人學習傳統耕作方式，延續Mipaliw（米粑流）的互信互助精神。

部落名字「吉拉米代」之意是「樹根」，祖先期許能穩定安居。站在百年梯田俯視豐南村，最低二七〇公尺、最高一六八二公尺，能感受到這片梯田的陡峭。族人說，都是靠祖先辛苦開鑿出的六條水圳，百年來一直維護良好，吉哈拉艾梯田才能持續耕種收成。

二〇一二年五月，「吉哈拉艾梯田」由縣府依文化資產保存法登錄為「文化景觀」，範圍包括百年水圳、水梯田以及獨特的地質環境。吉拉米代的族人與東華大學合作，「吉哈拉艾梯田」是目前臺灣唯一以「里山倡議」架構維護的「文化景觀」。

里山倡議是由日本環境廳與聯合國大學高等研究所聯手啟動，里山（Satoyama）

是指環繞在村「里」周圍的「山」、草原、農田混合的地景。里山倡議，希望能重建人與自然的和諧關係。耕地周邊的生物多樣性，不再因人類活動而被破壞，反而能因人類活動得以保存、加值。

其實吉拉米代部落過往的傳統生活，即與里山倡議的期望相仿。族人現在以里山倡議重新看到也肯定傳統生活價值，從Mipaliw（米粑流）開始，與祖先傳統聯繫。

「吉哈拉艾梯田」導覽（MAP 富里－14）
地點：位於臺二十三線，富東公路上
電話：0928－095－252（藍姆路）
吉拉米代部落可預約導覽解說與安排體驗行程，歡迎來認識百年來族人在吉哈拉艾梯田耕種、維護六條百年水圳，與環境共生的故事。

07/21-07/22

上山下海夏令營

〔光合作用戶外探索學校〕

「曾經有次帶溯溪行程，看到有人亂丟垃圾，非常生氣，抱怨給團員聽，希望順便跟團員機會教育一番。第二次再去，又看到有人亂丟垃圾，生氣的我不知怎地決定心念一轉，回程時請團員一起撿起垃圾……」光合作用戶外學校的創辦人Michael，分享十多年前剛到花蓮的經驗，到現在，依然未改推廣戶外運動教育的傳教士精神的特質。

Michael 曾是臺北運動事業專業經理人，與幾位同好相約一起搬到花蓮，離開冷氣健身房，要在更貼近大自然的地方，推廣戶外運動教育。在臺灣近年越來越低價品質相對堪慮的旅遊服務環境中，光合作用也一直沒有改變堅持經營小團、費用較高的營運模式。「培養一個興趣、才藝、技能並不難，期望孩子在夏令營中培養出願意以謙卑的心面對自然環境。」光合作用希望是這樣的態度，引領孩子走入花蓮大自然。

溯過溪，登過山，不代表真的認識這條溪流與山林的生命。不一定要多多講授自然知識，不是只想到征服或娛樂，給孩子多一點時間待在大自然裡，大自然自己會

傳遞訊息給孩子。

白天山林裡的樹葉沙沙鳥唱歌，可以讓孩子心靈安定。深夜的野外不寧靜，要如何去面對恐懼與猜疑？這樣的夏天，有其意義。

朋友說，因為時常登山、露營，沒機會讓小孩參加外面舉辦的夏令營。二〇一五年夏天第一次讓孩子參加光合作用戶外探索學校的兒童夏令營。沒想到，回家後兩個小孩會輪流爭取煮飯！還會堅持一定要用瓦斯爐把生米煮成熟飯，自己切菜炒菜，玉米蛋、起司通心麵、各式炒青菜都可以上手。朋友笑著說，開始懷疑，究竟他們參加的是戶外探索課程，還是料理課程。

光合作用戶外探索學校（MAP 吉安—04）
地址：花蓮市佐倉街 369 號
電話：03—857—2812

看飛魚（MAP 豐濱－17）
夏天在豐濱鄉沿路，例如石梯漁港、磯崎漁港附近，就會看到正在製作煙燻飛魚乾的攤位。

07/23

會飛的魚來了

〔豐濱鄉　石梯坪漁港〕

其實四五月飛魚就來到豐濱沿岸，但總感覺熱熱夏天來談飛魚，才對味。

全世界記錄到的飛魚約八十種，臺灣就約有三分之一種。豐濱鄉這裡主要是：斑鰭飛魚、白鰭飛魚、黑鰭飛魚。

阿美族用 KAKAHOG 通稱，是指「會飛的魚」。每年約四至八月，成群結隊出現在黑潮北流通道上的豐濱鄉沿海，張開翅膀般的魚翅躍出海面，非常美麗。然而現實是，有時飛魚飛起來，是因為後有鬼頭刀或水針魚追殺！

豐濱鄉沿岸海域有珊瑚礁、岩礁，上面覆蓋大量藻類，足以提供飛魚豐富食物，所以吸引飛魚前來繁衍棲息，愛吃牠們的鬼頭刀、水針魚當然也緊跟在後。人們也一樣！豐濱鄉各部落在飛魚大量來臨前，會先舉行海祭，向海神報告準備完畢，即將展開撈捕的工作，希望海神保佑安全大豐收。四五月開始捕飛魚，多在夜晚進行，約下午三點後出海，到凌晨一二點回來的也有，真是辛苦。捕撈上來的飛魚，會先殺洗乾淨，然後以月桃葉等醃漬調味，以柴燒燻烤，完成飛魚乾。這就是七月開始旅遊旺季，在豐濱沿路會看到的「飛魚攤」賣的好食。現場吃熱的，或買冷凍的回去炒菜，都是不錯的滋味。

高接梨

臺灣的高接梨技術好厲害，一般高品質的梨子生長在高海拔與寒帶地區，平地的農民運用嫁接技術，將已分化出花芽的高山梨，接上平地生長的橫山梨枝條。約十五年前，壽豐鄉有七位農友開始種植平地高接梨，以牛奶、豆漿等有機肥及益生菌，栽種高品質的梨，一年一收供不應求。

花蓮目前唯一有採果體驗的高接梨觀光果園，在產期六月中至八月中，歡迎預約體驗採果。

①縱谷觀光果園
地址：壽豐鄉溪口村溪口路170號
電話：03－865－5926（吳玉双）

07/25-07/26

海岸阿美豐年祭

〔豐濱鄉　港口部落〕

許多人認為原住民豐年祭就是圍圈圈唱歌跳舞、生營火喝小米酒……，隨著官方舉辦的聯合豐年祭，僅擷取豐年祭最後的「巴歌浪」慶祝形式，更加深這刻板印象。部落的豐年祭，與官辦的有很大不同。

日治時期的皇民化運動，禁止任何族群舉行傳統祭典，港口有一個聰明的青年建議日本人，可以把神社大樹上象徵淨化神社的白紙，融入阿美族祭典。於是港口的豐年祭傳統未被廢止，持續舉行至今。

傳統部落豐年祭整個過程包含「迎靈」、「宴靈」和「送靈」三階段，當各儀式陸續進行數日完成後，族人會以巴歌浪形式做慶典的結尾。巴歌浪傳統，是部落在婚喪喜慶等事情處理完之後聚會共食，慰勞眾人辛苦。並意味著希望在這之後，大家可以回到日常生活。如前面介紹靜浦村花蓮第一場豐年祭時提到的，港口部落也有友善地在豐年祭的尾端，明確訂出所謂「宴客日」歡迎賓客共襄盛舉。

海邊的港口部落與山上奇美部落一樣，保留較多傳統完整儀式。歷年來會在豐年祭的廣場入口，放置一塊告示牌，提醒訪客注意事項，例如：請勿進入祭圈內干擾

儀式進行、請勿擅自拍照錄影錄音、請勿擋住部落長輩觀看祭典。以免遠道前來卻不明就理的客人，干擾儀式進行，造成彼此尷尬。

曾旁觀儀式進行從白天到深夜，撐不住便與同行友人回民宿睡一會兒。回民宿的路上看到幾戶人家，大大小小就在家的院子或屋頂露天睡，也許是家人都從外地回來而顯得熱鬧的笑聲談話聲，愉悅的聚會。

隔日清晨再到廣場旁觀成年禮儀式，天光逐漸露出橘紅色，族人的吟唱舞動，如同海浪般未曾停歇，其實一整夜，都能聽得到廣場的吟唱聲傳來。每日，圈內不同儀式進行，看不懂的外人，在氛圍裡仍感受得到與祖靈連結的感情與感動。為祖先與族人而唱而跳，知道自己的生命從哪裡來，未來也不會有太多疑惑與恐懼吧！這，確實是因為不懂，也就難以表達的感動。

港口部落豐年祭（MAP 豐濱一08）

地點：港口村天主教堂廣場（豐濱鄉港口村七鄰 133 號）

實際日期每年由部落決定，請事先與各鄉公所確認。

07/27

大自然水族箱

〔豐濱鄉　石梯坪壺穴地形〕

石梯坪是花蓮最大的礁岩海岸，時時刻刻受海浪來回衝擊，產生多樣面貌，潮間帶生態豐富。最著名的壺穴群，是千萬年來岩石與海水撞擊出來的作品，精采萬分。

凹穴裡若中間有顆礫石，這樣隨著海浪旋轉滾動，把凹穴擦撞得越來越大，礫石也越滾越小，於是就成了壺穴。石梯坪的壺穴有全臺灣獨有的特殊造型，有的像洋菇頭！這是諸多因素湊在一起的難得。有力道的海浪沖擊正巧上方有「香菇頭」的岩壁石，逐漸侵蝕岩壁石的裂縫邊緣，同時海岸山脈又一直在長高，高過海的岩石，有的香菇頭就立起來了！有的海還拍打得到的地方繼續侵蝕，下面越來越細，這樣的香菇頭又變成高腳杯。

這些變化，其實需要好久形成，我們卻能在石梯坪的壺穴區，一次看到不同時期的壺穴變化。光是欣賞壺穴裡的生態也夠精采了，東北季風浪大帶來海水與螺貝類甚至小魚，壺穴像個美麗水族箱；但如果地勢過高浪打不到時，壺穴裡的生命便慢慢乾枯而亡。大自然水族箱，因此極為難得一見。

石梯坪壺穴地形 (MAP 豐濱－01)
石梯坪遊憩區往北走，可以看到石梯坪最特別的壺穴地形，大小壺穴遍布，是臺灣海岸線壺穴最發達的地區。

07/28

海邊遊樂園

〔豐濱鄉　磯崎漁港〕

花蓮的海岸山脈是活潑的孩子，不停長高，於是沿著臺十一線公路，沿途靠太平洋的一邊窄窄、另一邊則是直直往上的山脈。這樣長的海岸線只有一個海水浴場，磯崎海水浴場，然而近年沙灘一直往後退，沙灘越來越短得可憐，委外經營越顯困難。

還有一個困難點是，原來在地人都知道，海水浴場跟漁港是緊鄰的一片相同海域，在地人都在旁邊漁港玩水，誰要付費進海水浴場？

磯崎漁港的環境，對當地孩子而言是玩水天堂，對當地漁夫來說卻有些受限，相較於鄰近的石梯漁港可以全年出海捕撈；磯崎的漁夫是季節性兼差，漁撈期只有約五月至七八月，目前僅剩幾戶人家有小漁船，捕撈範圍限於蕃薯寮坑至新社間。漁夫一天內出海數次，才能有自給自足的漁獲量，傳統不捕魚的季節，就是種梯田。不以商業買賣角度想，這裡其實是個有能力自給自足的豐饒之地。

磯崎漁港（MAP 豐濱－18）
地點：臺十一線約37.5公里處

07/29-07/30

Waw Waw 響的星星風箏

〔光復鄉　太巴塱部落〕

曾有臺東的阿美族朋友問，「遍尋不到，哪裡還有阿美族人會做傳統風箏？」

其實就在隔壁的花蓮縣光復鄉太巴塱部落，每年夏季收成後，族人便準備迎接老少咸宜的風箏祭。

這項傳統在阿美族各部落已消失三十多年，據說目前只有光復鄉的太巴塱仍舉辦，並成為有獎品的趣味競賽，每年約四五十組人馬報名參加，比色彩、聲音、高度、造型創意。隊名曾出現：早稻田隊（很早就到田裡報到），外燴女王隊（鍋碗瓢盆噴漆圖案），阿美族人天性樂觀，總有辦法融合生活趣味與時令節慶。

可以請太巴塱社區營造協會預約安排，第二天跟著部落裡的 Faki（長者叔伯）學習製作傳統風箏。

Faki 說傳統做法，會用敲碎的玻璃耐心地將藤皮磨成薄片，現在多用刀片削，Faki 說缺點是會飛不穩。「藤要夠老才堅韌，但又不能過乾，這樣的藤片在高空強風吹襲下，將發出震天的 Waw Waw 嗚響。」阿美族稱風箏，就叫 Waw。

阿美族有一個風箏傳說，現在臺東阿美族部落的杉原海水浴場防風林內，有一顆聖石，阿美族人說，就是當年傳說裡的哥哥 Mayaw kakalawan 在這綁風箏讓自己飛起，到卑南族部落順利營救出弟弟。

太巴塱的 Faki 說，風箏祭就是要紀念祖先 Mayaw kakalawan。風箏做成星星造型，是與祖靈聯繫的管道，因為傳說 Mayaw kakalawan 死前與親人說：「我死後，在凌晨時東邊會出現斜的星星，那就是我的化身。」所以阿美族人稱那顆星星叫 Mayaw kakalawan。卑南族竟也有相同的風箏故事，而且是與阿美族的敵我角色互換。

然而太巴塱的年輕人卻說了另一個風箏的愛情傳說，「英勇的 Ganiu 為了尋找被外族綁架走的心愛女孩 Fuiz，做了一個超大風箏，把自己綁在上面，飛向敵人的部落……震耳的 Waw Waw 聲，是讓 Fuiz 知道方位的暗號……」也許是從救弟弟的傳說改編的？隨著時光流逝，故事一個接一個。

太巴塱社區營造協會（MAP 光復－05）

地址：光復鄉南富村富愛街22號
電話：03－870－3141
活動日期每年會稍有前後調整，欲前往參加，請事先聯絡確認。

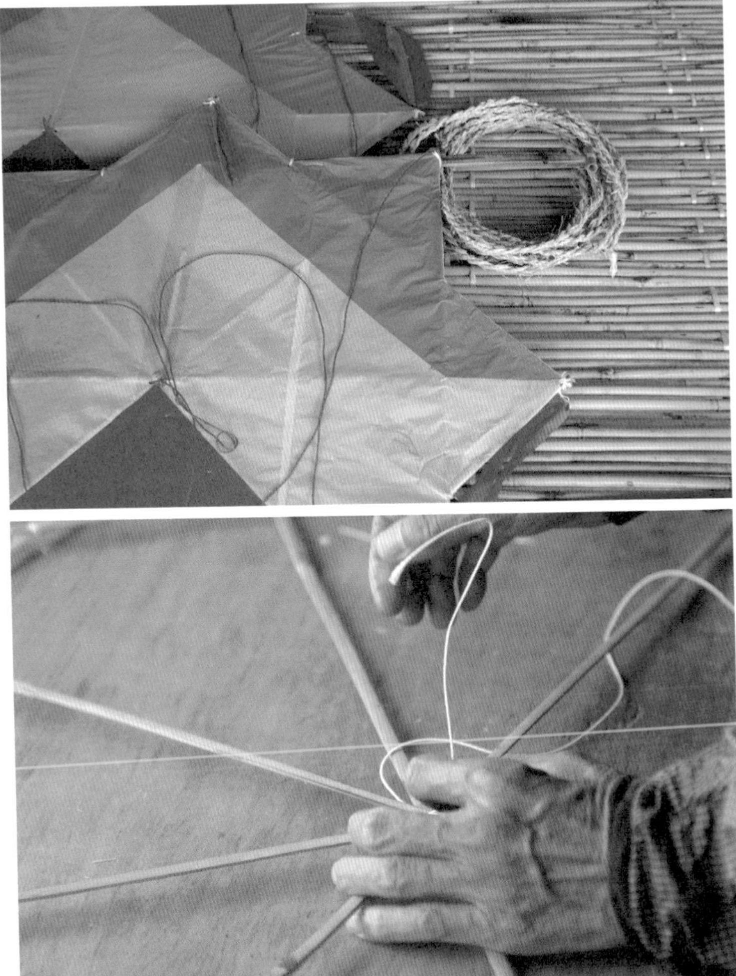

07/31

傳統磚塊變積木

〔光復鄉　太巴塱日豐窯業〕

太巴塱部落是花蓮（也是臺灣）最大的阿美族部落，有麗太溪及瑪達溪穿流而過，尤其是麗太溪，對生活與產業多有照顧，從前部落婦女洗衣，族人採陶土製陶，都在麗太溪。

太巴塱（Afalong）阿美語有土壤肥沃之意，屬於肥沃的重黏土，從前太巴塱向外擴展建立的聚落阿多莫（裝水陶甕之意）就有傳統製窯，可供應其他部落使用。窯業曾是太巴塱重要產業，五〇至七〇年代興盛期有六家窯廠，如今僅剩一間日豐窯業，也是花蓮唯一的磚窯廠，半年工作半年休息地辛苦經營。

日豐窯業廠長謝建輝從小就得到窯廠幫忙爸爸疊磚塊，「這一塊塊的紅磚就是我們小時的樂高積木，但玩起來卻非常辛苦。」如此自嘲的他，應該沒想到轉型為觀光工廠後，回鄉參與轉型的女兒，卻特別設計出「紅磚小積木」，不只給他的孫子玩，也給參訪的客人孩子玩。

窯廠與東華大學藝術創意產業學系合作，開發出太巴塱療癒小盆栽、紅磚小積木益智遊戲等新商品。這些小巧思的可愛在用心與感情。辛苦的疊磚塊已轉化成愉悅的紅磚小積木，來玩得很樂的孩子聽不懂老廠長的幽默囉！

太巴塱日豐窯業（MAP 光復－09）
地址：光復鄉中正路二段 153 號
電話：03－870－1309
紅磚縮小就是積木，療癒小盆栽的概念也簡單，預約來訪的客人像做陶藝般動手刻圖案，在窯廠燒出「微磚雕」，放上盆栽即是。

夏。八月 最棒的黎明和星空

國曆八月八日
立秋
漸轉秋，暑氣仍迴盪

國曆八月二十三日
處暑
夏熱到了盡頭

大白天仍是不留情面的酷熱。反倒是清晨與夜晚，堪稱一年中最棒的！

黎明散發極為溫柔或橘或粉紅的光芒，朝陽出來後多層次的藍裡，有變化多端的雲，接下來整個白天可能因無水氣而湛藍無雲非常炎熱。傍晚天際再次被多層次的藍逐漸包裹。住在臺十一線上部落朋友曾淡定地說：「天天看月升太平洋啊！」入夜後仰望穹蒼，滿天星星總是非常大方地清晰現身。

清晨是賞景好時刻。吉安鄉與光復鄉有盛開蓮花池，玉里赤柯山與富里六十石山有金針花海。建議都提前一天抵達，為的是隔日清晨是賞花最佳時刻，池裡的花正盛開香氣襲人，山上的花海在山脈晴空中繽紛，都專屬於腦袋清醒的你。不論如何，中午前後就別在戶外被紫外線攻擊。

夜晚沁涼適合參與活動。七夕賞月、關公誕辰遶境、中元普渡、百鬼夜行嘉年華，不都是晚上熱鬧進行？

阿美族成年禮是鍛鍊年輕人有如軍隊的毅力，當然在大白天不為過，但親友家人來觀看年輕人競跑兼野餐的好時光，可也是躲過烈陽的午後呢！

花蓮有太平洋調節空氣，夏天的早晚比任何季節舒暢。

08/01

沿海的自行車路線

〔兩潭自行車道〕

需要多多提倡在夏天的早晚運動，哪個季節可以穿得這麼輕便？早晚這般舒爽？就是夏天啊！保持早或晚持續運動，比較有能量對抗讓精神渙散的炎熱夏日。

簡單的運動，騎車老少咸宜就很適合。花蓮縣各村鎮都容易親近大自然，山脈間的溪流、林道，平地的田間路、湖泊……只要願意出門，就能騎車。

花蓮市縱橫的馬路車潮，讓騎自行車的舒暢度略遜一籌，幸好有多條自行車道，先推薦與大自然貼近的兩潭自行車道。七星潭的德燕濱海植物園區為起點，直抵鯉魚潭風景區，總長三十五・三公里。從沒拚命騎完全程，會從中挑精華三段：第一段看海，七星潭風景區至四八高地、環保公園，盡情欣賞太平洋。第二段賞植物，北濱公園到花蓮港前，經過復原的「米崙招呼站」和「江口良三郎紀念公園」一路平坦順暢。第三段遊湖，鯉魚潭風景區環湖路線很美，值得一騎。

①自行車租賃服務

南濱公園、北濱公園、七星潭、鯉魚潭皆有停車場與自行車租賃服務，租車的價格平日及假日不同。

②荒野保護協會花蓮分會（MAP 花蓮市－41）

地址：花蓮市化道路 141 號
電話：03－824－6173

08/02

仲夏夜間生態觀察活動

〔花蓮市　荒野保護協會〕

花蓮是一個大自然極其豐富但低調的地方（大自然本就靜默），不少居住這裡的人，也是。

清晨在花蓮市騎兩潭自行車道過曙光橋不遠，赫然發現路旁矗立一株開著長串粉紅色粉撲似花朵的樹，「穗花棋盤腳！」仔細瞧，一排約七八株，頓感驚喜。

過往在都市連青菜都分不清楚的我，居然認得這株是曾跟著專家跑去豐田夜觀的穗花棋盤腳，得感謝花蓮荒野保護協會的朋友。

花蓮荒野保護協會有很多長期觀察動植物的高人，不是把知識奉為最高地位，而是熱衷於宣揚動植物的美好，藉由讓更多人認識，共同愛護大自然。

穗花棋盤腳的果實是四稜形或六稜形，像古代的棋盤柱腳，因而命名。一般在下午四、五點開始開花，到了晚上七、八點花苞就像煙火，花穗最長可綻放超過一公尺的美麗；清晨還能看到部分花朵，九點左右就只能在地上撿拾凋花了。

六月到九月是穗花棋盤腳的花期，夏日炎炎，跟著荒野人在夜晚觀賞最是舒暢。

金針花季約一個半月，會有交通指示與開放時間公告。（MAP 玉里－03）
由於赤柯山是產業道路，路面狹窄加上稍有坡度，兩車交會困難，因而在金針花季期間，實施交管，禁止甲、乙類大客車行駛上山，九人座小巴、自小客車及機車可通行。也有特別管制時間，花季每日通行時間為上午七時半至下午五時。

08/03-08/04

小瑞士金針花季

〔玉里鎮　赤柯山〕

花蓮有些地方被冠上「小瑞士」，玉里赤柯山、瑞穗舞鶴臺地、豐濱鄉蕃薯寮都是。後來想，應該與很多地方清澈的溪流都叫清水溪一樣。這樣又聯想到，花蓮也有一些路段稱為「小天祥」，像是瑞穗的瑞港公路、富里的豐南公路。在地人深深以自己家鄉的美為傲。

花蓮縣有兩個著名山頭此時都開滿金針花，一是玉里鎮赤柯山、一是富里鄉六十石山。哪個較美？與小瑞士小天祥一樣，其實都美。

一九三縣道可看到往赤柯山的標示，入口處是看不到盡頭的綠油油稻田。頓時明白，縱谷是花蓮的糧倉。

村子位於海拔約八百至一千二公尺，上山的產業道路有十三個彎道，在地人說開車約二十分鐘，外地人三十分鐘。幾年前山上居民在農閒時組了一個劇團，就叫「十三彎」，演的就是自己的農村生活，詼諧逗趣，有種把苦當甜的幽默人生哲學，沒想到大受歡迎，還曾到各地演出。

初上山時沿途檳榔花開香氣迎人，但彎了數彎後，逐漸會產生一種很想快點到達的焦躁，幾次前往，慢慢學會要望向縱谷，

對著廣闊山谷與變幻的雲層，記得緩緩呼吸。

抵達山頭後，村子的告示牌有簡易路標，往左右連成一圈。黃金花海提供遊客欣賞，綠色金針田裡有人在摘採，這裡仍有在木造古厝三合院屋頂曬金針的傳統。

「從小學就沒有暑假，都跟著爸爸採金針，本來很不想再種。」吟軒茶坊的黃明僕大哥笑著說，所以一年裡輪流種植茶、油菊、金針、甘蔗，都採自然栽培。這裡的遊客比六十石山少一些，願意經過十三彎考驗的，多得一分寧靜。都這樣辛苦上山了，值得待一晚，夜裡滿天星空、清晨閃閃發光的花海，好好犒賞自己。

08/05-08/06

村子裡的露營區

〔富里鄉　羅山村〕

體驗過清晨賞花，那麼，晚上就要去賞星星！有一個接近金針花海的好地方，「羅山有機生態教育園區」，位於羅山村。

第一次進羅山村大門會有些遲疑，這是個公園吧？大路兩旁草木扶疏，最高兩層民宅，再進去是大片農田景色與蒼鬱山林。可惜過去旅人多半是直接上到最有名的羅山瀑布，往瀑布的山路上，會見到也曾規劃有搭營的木板露營區，或許較難管理維護而逐漸衰頹，多數人是半日一日行程便離開。

整個在公園裡的村子，很值得多停留多認識的。

現在位於羅山村的大門不遠處，即有一個號稱五星級的羅山露營區，設備齊全，有涼亭、集中炊事區、熱水淋浴間、無線網路，還有室內活動中心。

羅山露營區位於已廢校的羅山國小操場，十多年前由花東縱谷國家風景區認養，二〇一二年底由在地協會接手管理，近五十個單位的棧板式露營區，須網路上預約訂位，下午五點前現場登記。請欲前往的朋友注意！管理上有別於山林裡自由野放的露營區，這是「村子裡的露營區」，

因為緊鄰社區，居民早睡早起，露營須知中有說明，露營朋友須配合村民作息，夜間十點熄燈。

對於初次體驗露營的人，特別是親子，這裡非常安全。每天會有替代役與羅山管區巡守，不遠處就是羅山遊客服務中心。來這裡就是要認識村子，可考慮預約到農村品嘗客家媽媽餐，也可預約協會導覽，認識羅山自然與人文。最可惜是露營區原本是草坪為主的操場，樹木不多，夏天白日不宜待在帳篷，請把自己放進山林。步道、田間、農村預約做泥火山豆腐等，好好體驗住在公園裡的鄉村生活。夜間十點熄燈的要求請別覺得受限，村民最知道，晚上滿天星星，才是露營區五星級的秘密。

羅山有機生態教育園區（星光露營區）（MAP 富里－08）
羅山管理站
地址：富里鄉羅山村九鄰東湖39號
電話：03－882－1725
目前委外經營，寒暑假預約營地位置，請上網洽「羅山社區發展協會」線上預約或電洽。
電話：0926－610－316（張先生）

08/07

阿美族的家樹巴基魯

〔花蓮縣　路邊果樹〕

據說阿美族的祖先乘船到花蓮，帶著家鄉食物的種籽，在新家園的庭院種下，那就是巴基魯，是太平洋諸多島嶼民族的食物之一。

在花蓮的阿美族傳統家屋前，至少會種上一兩棵，以前牛隻就綁在樹下，牛糞是最佳肥料；一到夏天，巴基魯結實纍纍。

《灣生回家》一書中也有提及，灣生很懷念在花蓮吃到的巴基魯，燉肉、漬物、熬湯或做成甜品，吃過的人就會懷念！飄洋過海來的巴基魯，百年後已經成為記憶花蓮在地的味道。

巴基魯

雖然花蓮官方認定的縣樹是菩提樹，多數花蓮人卻認為麵包樹才當之無愧。果肉澱粉豐富，在傳統市場採買時，叫它阿美族的名字「巴基魯」，這樣親切多了。夏天的阿美族風味餐廳多有巴基魯小魚乾湯，一定要來嘗嘗肉與果實都好吃的巴基魯。

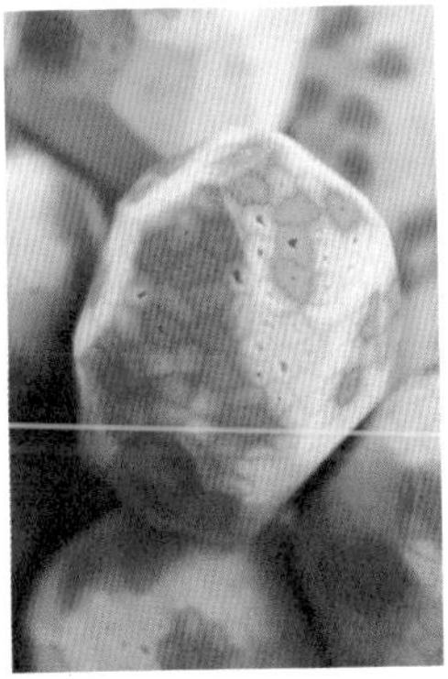

池南樹屋餐廳
地址：壽豐鄉環潭南路2號
電話：03－864－1888

08/09-08/10

黑暗部落換工採金針

〔富里鄉　達蘭埠〕

「活該，活該，誰叫我們是達蘭埠，一直做事情。做有機，這樣的工作，為了使部落好，為了使工作的人好，也為了使達蘭埠的工班的人好……」達蘭埠的族人回到舊部落 Ciharaay（吉拉哈艾）山谷田間工作時，就會聽到這樣的歌聲，自娛娛人。

族人每兩個月就回到山上舊部落田間除草，因為這裡是臺灣有機金針產量最多的地方。七到十一月金針季更是日日不得閒，聽過金針花的別名嗎？「不日花」，太陽出來之前辛勤採，開花不能採了，即使太陽底下除草汗如雨下，也要勤奮再勤勞。於是，自娛娛人的歌就出現了。

達蘭埠的舊部落位在六十石山的山谷 Ciharaay（吉拉哈艾），是指臺東間爬岩鰍，是鰕虎的一種，阿美族會因為初到一個地方看到較多的某種動植物，而為這裡命名。豐南部落的百年梯田也叫 Ciharaay，這兩個部落即是因為溪流裡很多 Ciharaay 而命名。

多年前種種原因讓金針價格下滑，族人陸續遷移到新部落達蘭埠，甚至移居都市謀生，Ciharaay 漸漸被遺忘在山谷。二〇〇三年，部落決定要重新以傳統換工

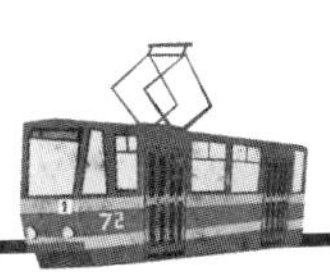

Mipaliw（米粑流）的型態，轉做無農藥金針。那裡還沒有電，回去工作要暫住，老人家覺得應該要有電，但被年輕人拒絕，希望能持續保持天然生態環境的純淨。於是當二〇〇九年英國媒體來採訪，稱舊部落為「黑暗部落」後，達蘭埠族人決定就這樣定調，生產的有機金針品牌為「黑暗不日花」，鮮採的金針以古法炭焙整整二十四小時，每隔一兩小時翻動一次，非常辛苦，自然原味才能乾燥保存，品質大獲好評。

族裡年輕人有信心了，開始帶小旅行，讓旅人坐車或溯溪到舊部落，參與體驗換工，晚上營火共食，聽部落故事，夜宿族人老家。白天工作累了很好睡，或在黑暗裡看滿天星星，青蛙會唱歌陪伴。

花蓮縣達蘭埠文化農業產業推廣協會
(MAP 富里－09)
地址：富里鄉新興村東興109號
電話：03－822－1089，0912－935－983（潘務本）

金針山音樂會 (MAP 富里－02)
主辦：花蓮縣文化局表演藝術科
電話：03－822－7121 轉 136
每年如辦音樂會，時間稍有前後移動，請洽主辦單位。
花季期間，上山單行道起點位於臺九線 308.5 公里富里鄉竹田村入口，下山單行道由「萬寧至復興部落聯絡道路起點」往阿眉溪方向。

08/11

金針花裡的音樂會

〔富里鄉　六十石山〕

在地音樂會、市集，是近年的大熱門，已經很火紅的六十石山，不免俗地也辦起音樂會呢！這裡的花海面積二十六公頃比赤柯山四十四公頃小，然而山勢起伏落差大視野遼闊，或山嵐遼繞、或萬里無雲，有一種「怎樣拍都廣都美」的獨特優勢，很受歡迎。

沿路上遊客接龍般流動，忍不住想，大家忙著用相機拍照，有真正跟「這裡」在一起嗎？也許我們可以花一些時間靜靜觀看：綠色金針田裡有採金針的農夫，眼前的花在雲層來時橘色鮮明，陽光撒下時閃閃發光。觀賞用的花海區，因為要讓花朵盡量盛開會灑藥，請記得不要摘取。

邊界花東
(MAP 富里－11)
地址：富里鎮車站街1號
電話：03－883－0363

08/12

媽媽味的有機餐

〔富里鄉　邊界花東民宿咖啡館〕

在花蓮最南端的富里火車站附近，有一間媽媽與兒子們一起經營的「邊界花東」民宿，這裡也是有供餐的咖啡館。雖然鄰近富里車站，平日在此走動多是在地人，「因為旅人會路過，直接到池上或到玉里。」年輕主人說，要等到金針花季或過年，才有較多遊客。特地來的客人是為了陳媽媽的手藝，原來主廚陳媽媽以前開自助餐，「這些是我們自己在羅山村種的菜，沒有用農藥。」陳媽媽說：「我先生捨不得土地沾到農藥。」羅山還沒有成為有機村前，陳爸爸就不用農藥種菜。

「這水，也是從羅山的農地那裡載回來的山泉水。」這太驚人了！陳媽媽指著後院像水塔一樣的桶子，笑著說，「陳爸爸也希望家人喝到乾淨的水。」陳爸爸在民宿開幕沒多久去世，現在是陳家兩兄弟輪流載水，每次兩桶，一桶民宿用、一桶家裡用。

「這些桌子，都是我爸收集的原木改裝。」仔細瞧，不止，民宿房間內的木頭也都是原木！

這裡的愛很多，吃飯住宿的旅人，也跟著有福享用。

08/13-08/14

縱谷二大阿美族部落豐年祭

〔光復鄉　馬太鞍與太巴塱部落〕

兩個金針花山頭都辦音樂會，就像是「好的競爭是一種進步的方式」，臺灣最大的二個阿美族部落是鄰居，或許也是一種印證。光復鄉的馬太鞍及太巴塱部落，如太巴塱的傳統射箭老師說的：「我們以前，一個部落就是一個國家。」兩個勢均力敵的部落，現在每年豐年祭參與人數也是全花蓮最盛大的，以二〇一五年為例，二個部落都各預估有約三千人參加。

因為二大部落僅隔臺九線，豐年祭時間照往例是接續進行，可以安排都前往參與。雖然緊鄰，卻發展出各自不同的特質。

清早，太巴塱部落族人會聚集在發源地。這裡有遠古石棺遺址，太巴塱部落視為最神聖的發源地。長老率領族人祭祀祖靈，再出發到會場進行連續數日的豐年祭儀式活動。太巴塱部落是目前唯一保留有傳統的阿美族祖靈屋，以及過去與周邊八個衛星小部落聯繫的瞭望臺（以狼煙或呼喊，共同守護家園），至今與鄰近部落例如瑞穗奇美部落，在豐年祭時，仍維持傳統相互道賀的習俗。

夜晚，馬太鞍部落年輕女歌手拿著麥克風對著擠滿人的廣場公布，即將表演的是

新編的電音歌舞，部落年輕男女的活潑歌舞，帶動現場最熱烈的歡呼。馬太鞍部落是一個具創新力的大部落。傳統豐年祭前幾天的各項儀式女性不能參與，部落長老在約二十年前，考慮到年輕人離開越來越多，為了鼓勵年輕女生願意回鄉，於是首開阿美族先例，明定女生也有自己的年齡階級。成年禮命名儀式、傳統射箭，到拔河等趣味競賽、創作舞蹈競賽、創意電音歌舞表演。馬太鞍部落一直都是勇於在傳統間尋找與新世代的連結，以改變維繫傳統。迎接部落的人回鄉，也歡迎想要加入的外地人參與。

太巴塱部落 太巴塱祭祀廣場 (MAP 光復一05)
地址：光復鄉東富路九十二巷 2-1 號

馬太鞍部落 馬太鞍文化產業廣場 (MAP 光復一06)
地址：光復鄉林森路 300 號
實際日期每年由部落決定，請事先與各鄉公所確認。

山興部落 (MAP 鳳林－07)
從一九三縣道約54公里處興益橋進入，從臺九線往箭瑛大橋進入。

08/15

山村裡的自行車路線

〔鳳林鎮　山興部落〕

報一條很棒的單車路徑，不是規劃出來的、直直的路。

花蓮每鄉鎮都有響應政府低碳觀光政策的自行車道，然而多數是直接將原本公路劃分出一部分。車道縮減，老實說還滿危險的。不如，以騎自行車的方式進入一個村落。

從海岸山脈一九三縣道下來較省力，蜿蜒的小路、少少的屋宇，想像過去傍晚炊煙裊裊等待家人的場景，多少會為這裡依舊美好的田野惋惜，但仍有些人沒放棄重新營造家鄉生氣，吉拉卡樣農場、吾兀兒假日廚房，都是可去認識的好所在。

百鬼夜行祭
(MAP 鳳林－06)
聯絡人：0928－077－525
03－876－0530（李小姐）
活動日期每年農曆七月鬼門開的第一個星期六。

08/16

菸樓迷路。百鬼夜行祭

〔鳳林鎮　北林社區〕

二〇一一年初次舉辦百鬼夜行前，村民不免疑慮：「在鬼月扮鬼，這樣好嗎？」

直到當天下午，各地來的眾妖魔鬼怪從集合點社區活動中心出發，在充滿日本味的菸樓巷弄間歡樂地繞街遊行，北林三村裡應該沒一戶有人在家—都跑出來看鬼，或扮鬼啦！

不論是一人鬼或團體鬼，眾鬼走完約兩公里的繞街活動後，紛紛抵達表演會場。使出渾身解數講述自己這款鬼有多厲害，還要表演，希望得到評審與在場觀眾最熱烈掌聲，全為了贏得「鬼王」的榮耀稱號與獎金！

觀眾也有可玩的，晚上有「鬼屋」可冒險，於是當晚北林三村每一戶人家的小孩，可能扒完飯就又一溜煙地跑出家門；因為要跟很多外面來參加的人一起排隊，等很長的隊伍才進得了這間鬼屋。

因為笑聲比尖叫聲還多，第一年的疑慮平安消失，於是這幾年繼續辦理，而且設定不同主題，二〇一五年的最新主題是「燈籠鬼」。

08/17-08/18

不為觀光客的豐年祭

〔瑞穗鄉　奇美部落豐年祭〕

如果看到部落人長時間圍一圈舞蹈吟唱，請理解，並不全都是如官辦豐年祭的歡唱意涵。奇美部落 Ilisin 至今保有傳統的祭儀傳統與文化架構，每天都有不同儀式進行。

「有許多儀式或樂舞是由年齡階級進行，也許外人看來是歡樂的樂舞，實際上我們正在進行階級的訓練或是有其他豐富微妙的意涵在發生，這通常只有部落的人看得懂。外地朋友請勿隨意加入，這是最基本的尊重。」奇美部落明確表達自己的想法。

近年，屬於海岸阿美的豐濱鄉港口部落、貓公部落，與屬秀姑巒阿美的瑞穗鄉奇美部落，都不約而同地在會場入口處豎立告示牌，內容大致為禁止拍照、錄影、錄音，或必須獲得部落同意才得進行。

阿美族歌手海雅・谷慕（張震嶽）曾發聲：「豐年祭是跳給老人和祖靈看的，不是跳給觀光客看的。」這正是提醒想要參與的人，尊重與瞭解，是前往參與的首要功課。

每年都會有人在儀式進行時闖進場中央。在奇美部落，部落青年會很不客氣地

把闖入者「請」出去！

如七月的文章提及，以同理心就能理解：誰會希望自己家族在祭祖時，有外人不斷拍照介入呢？

部落之間的情誼，也在豐年祭時持續連結。太巴塱部落會派部落年輕階級，跑步到較晚進行豐年祭的瑞穗奇美部落，傳遞祝福。奇美部落則以提供很多很多酒，敬酒回謝。老遠跑來的客人，還要喝下許多小米酒，真的得非常勇健不可。

奇美原住民文物館前廣場（MAP 瑞穗－12）
地址：穗鄉奇美村五鄰 2－10 號
實際日期每年由部落決定，
請事先注意奇美部落 FB 粉絲頁的公告。

挑戰型的單車路線推薦

〔瑞穗鄉　瑞港公路〕

08/19-08/20

這條路線，自己真沒本事騎單車去，只能開車經過時一路「哇！哇！哇！」地對曲折的山谷景觀讚嘆不已。

是騎單車環遊世界經驗超過十年的好友Vicky（林存青）大力推薦的。曾有一年，她騎單車環島，從瑞穗經過數個髮夾彎高低挑戰後，一個轉彎，港口部落的長虹橋與太平洋豁然展現眼前，她感動到直稱：比紐西蘭還美！

瑞港公路就是花六十四縣道，全長約廿二公里，屬於東部海岸國家風景區。當然啦！花蓮很多區域不是被規劃為國家風景區、就是國家公園。這條路線，人稱「小天祥」—是的，花蓮還有豐南公路也有這稱號，意思就是都非常美。

不宜用競速的心情體驗，山路沿著秀姑巒溪而行，騎累了就停下來，美景當前。從瑞穗走進瑞港公路不久就可欣賞到舞鶴臺地，抵達公路最高點「德武休憩區」遠眺秀姑巒溪，或是較貼近溪水時欣賞露出水面的秀姑漱玉。偶爾回首眺望，會驚訝已過這樣多的髮夾彎。

瑞港公路 (MAP 瑞穗－04)

從瑞穗鄉到豐濱鄉。從瑞穗鄉的一九三縣道看到「大港口」標示即可轉入花六十四，又名瑞港公路。

08/21-08/22

山裡夜宿滿天星

〔秀林鄉　太魯閣野營地〕

賞星進階版，上山看星星，保證比眼睛還大。下午抵達，可先到太魯閣遊客活動中心看有沒有要補充採買的，例如泡麵餅乾飲料；其實重點是先在這裡習慣，習慣眼前的綠草地，前方陡峭山壁偶有老鷹飛過，請大口呼吸，習慣山林的氣息。

接著前往露營地點。這裡有兩處可供選擇，太魯閣國家公園內唯一規劃的露營區，付費的合流棧板式露營區，有供電與水、廁所及衛浴設備，紮營在這兒的人也較多，甚至爆滿。

一公里外的綠水野營地，則是免費的草地營區，如果要上廁所，走到上方停車場旁的綠水展示館後方，有販賣部全天開放的公廁。不過紮營人較少，能得到充分的寧靜舒暢。

平日不擅野炊的人，也可以只帶簡單輕食。夜晚的星空很美，溪水潺潺聲一夜。合流的名稱由來，因為立霧溪與荖西溪在這附近有幾乎九十度的轉彎，荖西溪在此會入立霧溪。峽谷溪流美景，曾被選為「花蓮八景」之一。曾經二大營區都爆滿，於是在綠水展示館後方的販賣部平臺上也有人紮營，當晚滿天星星很美，滿地竟是撲

向燈光的飛蛾，數量多種類也多，老實說有點驚人，這裡的生態實在太豐盛。

綠水野營區到合流露營區約一公里，只要步行十五至二十分鐘。所以不論住哪個營區，第二天一大清早，簡單吃點早餐，就可去走綠水步道，入口在一七二公里處的「綠水地質展示館」左側，也就是綠水野營區上方，出口在合流露營區，約二公里路程，走在山腰上的斷崖步道段時，還可俯瞰腳下的中橫公路，以及立霧溪河谷與綠水河階地形。原來是合歡越嶺古道的一部分，約三百年前，太魯閣族各部落間聯繫的社道，沿路仍保留約二公尺寬的古道，很好走，生態與地形豐富，有洞穴、吊橋、斷崖峽谷地形，是條很有自然特色與歷史故事的賞景步道。

綠水合流營地（MAP 秀林－08）
秀林鄉中橫公路約 172 公里處。

火龍果

原產中美洲的火龍果，含有一般植物少有的植物性蛋白，紅肉品種特別含大量花青素，有抗氧化效果。夏季消化不良時吃火龍果，黑籽促進腸胃蠕動，熱量低，可減肥潤腸。

花蓮玉里出產有機火龍果，甜度高達二十二度，外銷日本有好口碑。夏天開始採收的火龍果，約每十天成熟一批，順利將能採收到冬天，這可是經過一年辛苦栽種照顧的成果，採收期間可能會有颱風考驗，是值得珍惜品嘗的有機好果。

花蓮縣玉里鎮果樹產銷班第五班
地址：玉里鎮高寮 201 號
電話：03－885－1123（李清秋）

08/24

蓮花大賞

〔吉安鄉　蓮城蓮花園〕

吉安有奇萊山清澈的水源由木瓜溪流入灌溉，土質肥沃好種好長，到現在仍是花蓮重要的蔬果供應區。

蓮城蓮花園的主人郭昭安說當初也是被這裡的田園意象吸引，而搬來南華村山腳下，經營起面積約一公頃的蓮花園區，一晃眼近二十年光陰。

「歡迎喝杯蓮花茶喔。」走進園裡，正忙碌的工作人員多是用這句話開場招待。進園區不需要門票，如果想要認識蓮花生態，還可主動要求解說。這裡的經營之道，是以研發蓮花品種為主，主人並於二〇〇二年獲得十大傑出青年神農獎肯定。園裡有多達六十多種的蓮花，十多種的荷花，以及七十多種的水生植物。亞馬遜河直徑近三百公分的小葉王蓮，也看得到。

想買幾包蓮花茶包或一束新鮮花，卻因為沒有門市人員接待而不習慣的話，不妨當成是來拜訪農村友人。這裡是個自由自在的園區！

蓮城蓮花園
(MAP 吉安－01)
地址：吉安鄉南華村南華五街66號
電話：03－853－2828

08/25-08/26

阿美族八年一次成年禮（Marengreng）

〔吉安鄉 東昌村（里漏社）〕

里漏社在南勢阿美族中，被公認是維持傳統最有力的一支，持續每八年一次單獨舉辦成年祭。里漏社（東昌村）老頭目林勇雄說，成年祭的由來，是因為「需要組織軍隊保護家園」。從前強悍的太魯閣族，會從七腳川溪過來找南勢阿美幾個部落爭戰、出草，所以，里漏（Lidaw）、娜荳蘭（Nadalan）、薄薄（Bobo）三個部落就開始組軍隊，Marengreng 就是訓練最年輕的族人，最後驗收成果的慶典。

很久以前，當族人從瞭望臺看到太魯閣族人過來，就唱歌組織大家，也許太魯閣族知道就不來了；但如果仍來，也不會知道那是集結部隊的歌，軍隊就展開圍捕、出草。所以豐年祭唱的七首歌，就是那時的歌，集合、圍起、砍、衝、凱旋、完成……後來已經沒有戰事，會在豐年祭唱完整七首歌的，只有里漏社（東昌村）。

在 Marengreng 這天天未亮時，接受訓練的 Mamisral（少年階級），要從部落穿越一九三縣道，跑五公里到化仁海邊，中午有家人很早就約好的女孩，穿傳統服帶

「情人便當」前來共食。接著少年階級要推船到海中，重新體驗祖先乘船上岸的記憶。最後是運動會，重頭戲是男生要牽著女生的手一起跑，長老用雞爪在後面打最後的人趕上，男生被打也不能放掉女生的手。部落文化相處之道，在每個儀式中，點滴進入剛進入階級的年輕人生命中。

二〇一五年，南勢阿美各部落開始重新聯合舉辦 Marengreng「勇士晉階禮」，南勢阿美的年齡階級是固定名稱，所以這一屆的就叫做「Aladiwas」阿拉蒂瓦斯。不同階級在部落裡，有不同的地位權利與義務，在年齡階級的相處中，學習待人處事的方式。

八年一次成年禮（MAP 吉安－13）

地點：吉安鄉東昌村

電話：03－852－3126 轉 130（吉安鄉公所）

實際日期每年由部落決定，請事先與各鄉公所聯絡確認。

08/27

田園間的單車路線

〔吉安鄉　自行車道〕

不為長征只想自在蹓躂的行程，初夏時最推薦吉安，舒暢的時段是：早晨五點日出時就出發，九點時提醒準備休息，十點後可就會曬到。推薦原因：有山有水有農村景觀，變化多又美好。

吉安鄉規劃七條自行車道，之前推薦過途經泡腳公園的「初英親水線」，這裡建議騎遠一點，最早規劃的「親山親水線」，其實是兩條連在一起：一．六公里的初英親水線與五．一公里的吉安親山線。吉安留有日本人住屋設計，每戶都有整齊劃一的大院子，以備戰時需要種果菜自給自足，於是吉安親山線可觀沿途鄉間景象。隨你在棋盤式的田園屋宇左彎右轉，因為田園廣布，視野開闊，不易迷失方向。近年多了好幾處的「豪華農舍」，突兀的景象意外增加探秘的好奇。然而延著初英山山腳，經過人工種植的落羽松森林，還是忍不住驚豔。

中間抵達初英親水生態公園，一樣要停下來泡腳！接著再前往生態池、水車涼亭、還有牧場牛群，騎得很過癮！

08/28

農曆七月十五，中元節

中元節拜守護神

〔花蓮市　城隍廟〕

中元節是漢人追思祖先的日子，也會在家門口準備五牲祭祀好兄弟。中元節會成為鬼節，是受了佛教的盂蘭盆會影響。相傳目蓮尊者請教佛陀如何救出冥府受苦的母親，佛陀教他要將百味五果放在盂蘭盆中，在七月十五這天供養十方大德，這就是盂蘭盆節的由來。民間信仰原本是追思祖先的日子，也受影響成為了「鬼節」。

民間信仰相信，人在死後還未到閻羅王報到前，也要先到城隍爺報到，拿在世的成績單。城隍爺在人們生前死後都要管，於是城隍廟每年中元節會舉辦普渡儀式。現在的中元普渡升華為文化慶典活動，沖淡了祭鬼的嚴肅氣息。

①吉安自行車道 (MAP 吉安－05)

親山自行車道與親水自行車道相連接，全程約6.7公里，兩端起點是大山公園與吉安大圳，花蓮市區來的從大山公園進入。

②花蓮城隍廟 (MAP 花蓮市－07)

地址：花蓮市成功街169號

電話：03－832－8290

08/29

二十四小時的古早味

〔花蓮市　廟口紅茶〕

吃過臺製馬卡龍嗎？喝過米漿加紅茶嗎？要喝熱的有，紅豆湯綠豆湯花生湯。要喝冷的也有，紅茶杏仁茶酸梅汁。還有南北粽子、蛋餅、蘿蔔糕……花蓮溝仔尾，有一間經營過二十四小時不打烊的傳統小吃店「廟口紅茶」，深夜仍不斷有客人，賣了三十多年仍維持不變的老口味，在極少有深夜食堂的花蓮，溫暖了人們的胃與心。

這裡有顯眼的鋼管冰飲，外層是冰水管，內層是飲料管，直接連接到位於二樓的冷藏庫，不要要求加冰塊啊！店老闆堅持要給你飲料的濃度與口感。

有一款沒在招牌上的隱藏版菜色，是泡麵加蛋，泡麵裡會再加點沙茶增添滋味，用鋼碗盛裝，很有念書外宿時的味道。就算你知道有這一道，客人多時老闆也不賣，所以得靠緣分。

24 小時廟口紅茶（MAP 花蓮市－28）
地址：花蓮市成功街 218 號（花蓮城隍廟對面）

祖父母節
臺灣逐漸步上超高齡社會，教育部於二〇一〇年發起，訂在每年八月的第四個星期日，透過節日提醒年輕人珍惜與祖父母相處。

08/30

祖父母節

〔花蓮市 火車站〕

原本不知道原來教育部訂定了新節日「祖父母節」，是因為花蓮青少年公益組織在幾年前發起這天年輕志工在花蓮火車站當「臨時孫子」，幫年長者或攜帶過重的旅人提行李，活動引起熱烈迴響，隔年竟帶動各地方，全臺有近二十個火車站串連，約二百名年輕志工幫旅人搬行李。

成立青少年公益組織已近二十年的黃榮墩，曾是歷史老師，一心帶動年輕人提升自己、照顧社會，成立「好人幫」，口號是：「哪邊有需要，好人就去哪邊幫忙。」在祖父母節幫忙旅人抬行李，是帶動年輕人回饋社會的其中一個活動。

祖父母節並非創新，美國訂在勞工節後的第一個星期日、葡萄牙訂在七月二十六日、新加坡則是十一月第三個星期整整一週。

若你當天正巧帶著大批行李到火車站，聽到有志工熱心大喊：「需要幫忙嗎？」請不要不好意思、或是不想被當成長輩，請讓他們助你一臂之力，你會看到他們氣喘吁吁、非常快樂。

08/31

農曆七月十八，瑤池金母聖誕

全臺朝聖團

〔吉安鄉　慈惠堂、勝安宮〕

這一天，慈惠堂的廣場塞滿遊覽車，還有信眾陸續從遠處走來……慈惠堂每年最熱鬧的日子，一個是農曆二月十八堂慶，另一個是七月十八金母娘誕辰，舞龍舞獅鑼鼓喧天數日不歇。花蓮總堂得事先安排錯開各分堂來朝聖的日子，仍然每日車水馬龍排到外面馬路。

臺灣的王母娘娘信仰，可追溯到道教的瑤池金母、神話的西王母。花蓮的慈惠堂總堂與勝安宮，是後來信眾有不同理念而分家，都可視為是臺灣母娘信仰發源的祖廟。慈惠堂稱「金母娘娘」，勝安宮稱「王母娘娘」以為區隔。發展至今廟宇超過一百四十座，慈惠堂的分堂甚至遠及美國紐約，被稱為「全球最大的道教系統」亦不為過。

相傳瑤池金母是天界眾仙女之首，凡是天地間得道的女性神仙，都歸祂管，是女神中地位最高的。

花蓮的移民歷史較西部晚，眾多族群生存倍加辛苦。瑤池金母在花蓮顯靈，也是救苦救難的事蹟，臺灣民間信仰中極受歡迎的如王母娘娘、媽祖，都是象徵母愛且溫柔的女性神祇！

花蓮慈惠總堂（金母娘娘廟） (MAP 吉安－10)
地址：吉安鄉慈惠三街 136 號
電話：03－8531941

勝安宮（王母娘娘） (MAP 吉安－11)
地址：吉安鄉勝安村慈惠三街 118 號
電話：03－852－8658

花蓮縣全縣地圖

★ 網路銷售、寄售，與每年可能移動舉辦地點之活動，均未列入。

秀林鄉

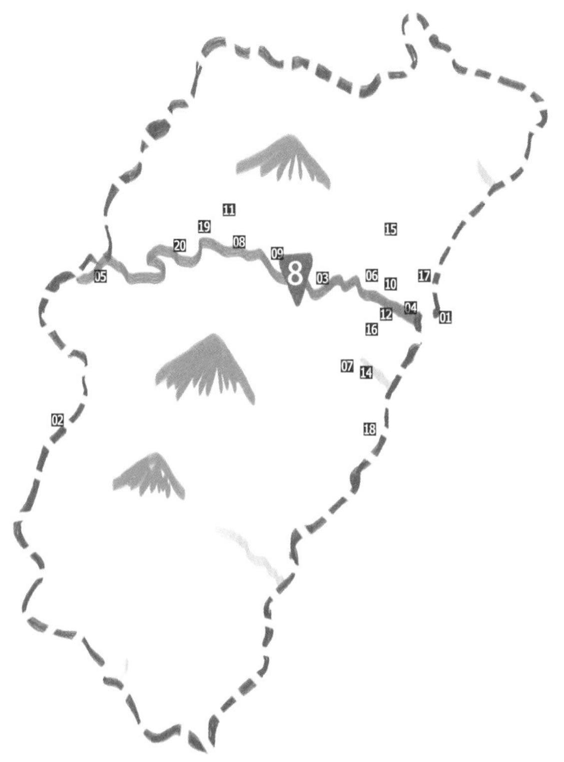

A. 戶外活動

01 1/04：清水斷崖
02 1/15：奇萊山
03 11/03—04：布洛灣
04 10/19：太魯閣遊客中心
05 5/03—04、12/29—31：合歡山群
06 5/22：砂卡礑步道
07 6/15：慕谷慕魚生態廊道
08 8/21—22：綠水合流野營地
09 10/16：錐麓古道
10 11/02：小錐麓步道
11 11/05—6：文山溫泉

B. 文化景點

12 5/05：姬望紀念教會
13 8/21—22：天祥天主堂

C. 特色聚落

14 6/16：銅門村
15 10/17—18：大同大禮部落
16 10/15：富世村

D. 特色餐飲

17 1/05：達基力風味餐廳

E. 藝文據點

18 10/20：葛都桑音樂工作室

F. 友善農漁

19 5/01—02：西寶農場
20 6/02：洛韶水蜜桃農園區

新城鄉

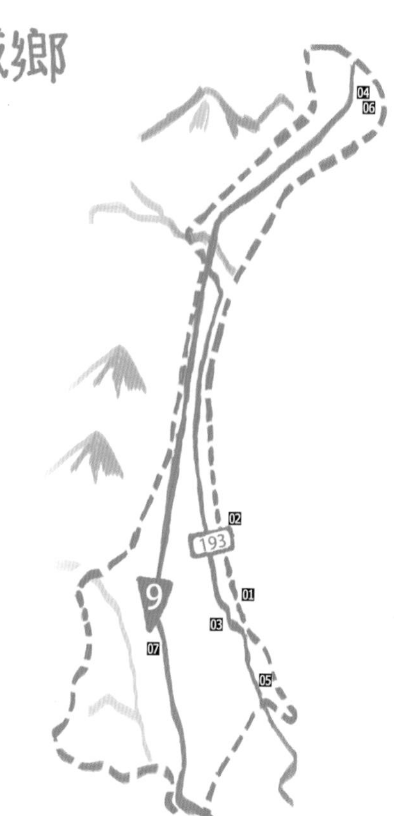

A. 戶外活動

01 1/01—02：七星潭風景區

02 6/03—04、9/27：一九三縣道防風林生態海岸線

B. 文化景點

03 1/03：鎮星宮

04 11/01：新城天主堂

D. 特色餐飲

05 5/14：原野牧場

06 6/10：佳興冰菓室

E. 藝文據點

07 12/01：北埔國小

吉安鄉

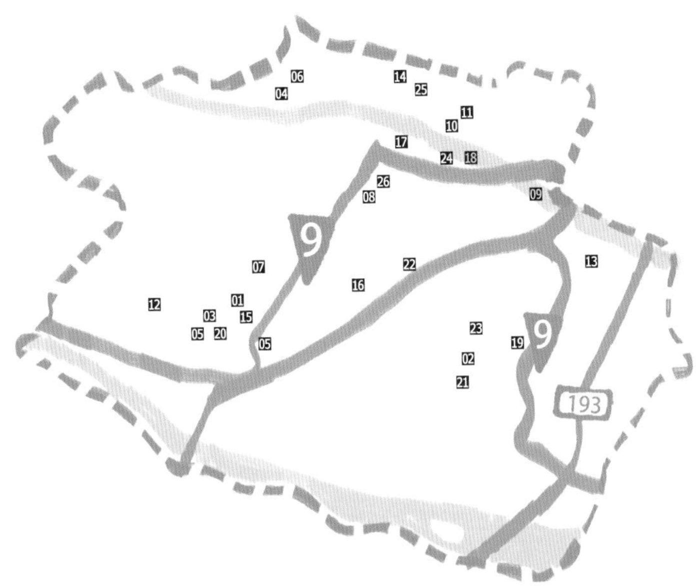

A. 戶外活動

01 8/24：蓮城蓮花園
02 3/28：知卡宣公園
03 5/31：初英親水生態公園
04 6/17—18、7/21—22：光合作用探索學校
05 8/27：吉安鄉自行車道
06 9/17：左息（撒固兒）步道
07 9/18：白雲與楓林步道

B. 文化景點

08 2/16、11/09：慶修院
09 2/17：七腳川爹
10 8/31：慈惠堂
11 8/31：勝安宮

C. 特色聚落

12 6/08：南華村
13 6/14、8/25—26、10/10—11：東昌村

D. 特色餐飲

14 5/16：美滿蔬房
15 5/30：美美里依寧烤麵包
16 5/28：慢之田野野菜火鍋
17 5/24：阿姑的店客家創意料理
18 7/05：荳蘭橋與豆腐

E. 藝文據點

19 3/25：阿迪克漂流木工作室
20 5/27：阿嬤珈琲

F. 友善農漁

21 2/07、3/26：健草農園
22 4/10：花東菜市集
23 5/18、10/29：雜草鑼聲有機農場

G. 市場市集

24 2/20：黃昏市場
25 3/22：東菜市場
26 5/19—20：家市集

花蓮市

A. 戶外活動

01 3/13：明禮路瓊崖海棠街樹

02 3/27：美崙山

03 1/31、6/26、5/29、9/06、9/16、9/20：美崙溪畔與出海口

04 9/04、9/19：北濱公園

05 9/09：美崙田徑場

B. 文化景點

06 5/11：慈天宮

07 8/28、11/27：城隍廟

08 9/03：更生日報社閱報亭

09 9/07：將軍府

10 9/12：慈濟文化園區

11 9/28：郭子究音樂文化館

12 10/23：松園別館

C. 特色聚落

13 3/29、3/31、11/24：大陳新村

14 11/10：國福里

D. 特色餐飲

15 2/05：德安一街早餐店

16 2/06：一元飯店

17 2/18：陳記狀元粥鋪

18 2/21—22：惠比須餅鋪

19 2/21—22：豐興餅鋪

20 2/23—24：秋朝咖啡館

21 2/23—24：羊藏小弄

22 4/02：choco choco 巧克力專賣店

23 4/12：梅珍香梅子專賣店

24 5/12：Caffe Fiore 珈琲花

25 5/15、12/10：璞石咖啡館

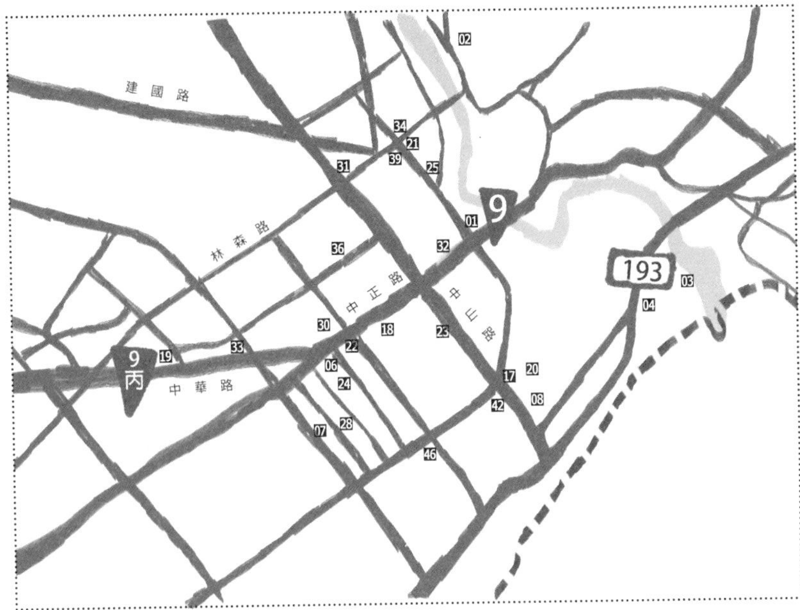

26 6/13：正當冰
27 6/21：大安料理遊樂場
28 8/29：廟口紅茶
29 12/14：劉景忠炒螺肉
30 12/21：戴記扁食
31 12/23：三九食堂
32 12/27：糖炒栗子烤地瓜
33 12/28：美琪烤玉米

E. 藝文據點

34 2/23—24：Alice Cafe Books
35 3/12 ：Art Deco
36 4/01：o' rip 生活旅人
37 4/14：洄瀾風生態團隊
38 4/14、6/19：黑潮海洋文教基金會
39 5/09：布布貼心工作室
40 5/10：有的沒的二手雜貨鋪
41 8/02：荒野保護協會花蓮分會
42 9/05：阿之寶
43 12/26：市立圖書館兒童分館

G. 市場市集

44 3/30：美崙市場
45 6/07：花蓮市 好事集
46 12/04：重慶市場

壽豐鄉

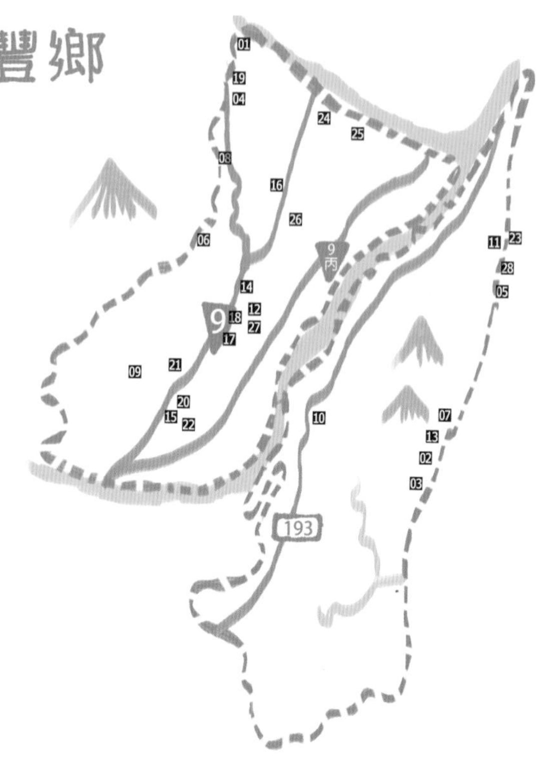

A. 戶外活動

01 1/17：奇萊山
02 4/15：水璉海灣
03 4/16：牛山呼庭
04 4/19、6/17—18、9/15、9/29：鯉魚潭
05 7/09：鹽寮休閒觀光漁港
06 7/01：白鮑溪
07 7/10：十二號橋
08 7/21—22：池南自然教育中心
09 9/01：豐田山邊路
10 9/13：米棧古道

B. 文化景點

11 12/06：和南寺

C. 特色聚落

12 3/24：共和村
13 10/05—06：水璉部落

D. 特色餐飲

14 3/01：味萬田
15 3/02：好好吃飯
16 3/03：Tibetan momo café
17 4/08：壽豐印象
18 6/11：豐春冰菓室
19 9/30：豫園

E. 藝文據點

20 4/07、10/31：五味屋
21 7/02：如豐琢玉工坊
22 12/11—12：冊所公益書店
23 12/05：海唐假日學校

F. 友善農漁

24 3/09：光合作用農場
25 6/01：縱谷溪床西瓜園
26 6/25：阿宏有機芭蕉農園
27 11/28：共和村養殖魚塭區

G. 市場市集

28 7/08：海或。瘋市集

鳳林鎮

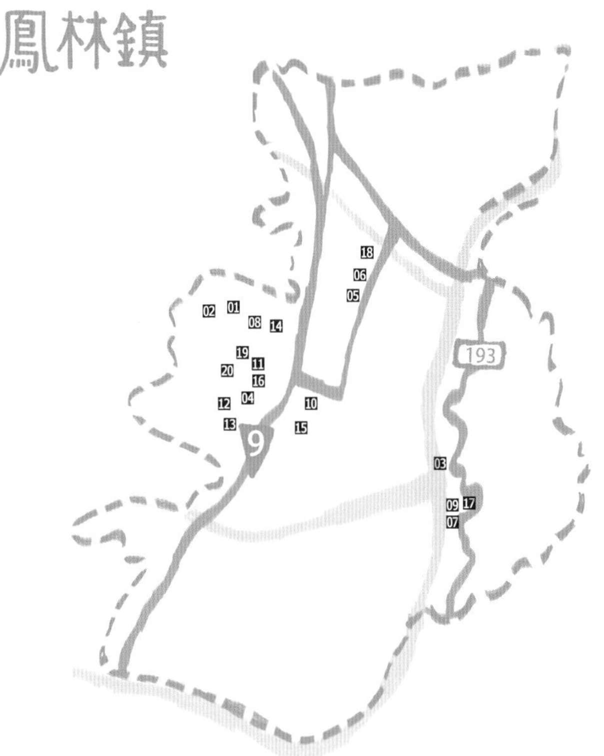

A. 戶外活動

01 1/23—24：水源地櫻花林道

02 7/04：鳳凰瀑布

03 9/11：箭瑛大橋

B. 文化景點

04 2/28：[illegible]夢工廠

05 3/05、11/26：復興路[illegible]林屋土地公廟

C. 特色聚落

06 1/29—30、5/23、8/16：北林社區

07 8/15：山興部落

D. 特色餐飲

08 1/13—14：月廬食堂

09 1/27—28：吉拉卡樣 O'ol 假日廚房

10 2/26—27：芳草古樹客家餐廳民宿

11 3/04、12/20：美好花生

12 6/12：明新冰菓室

13 7/05：鳳林鎮韭菜臭豆腐

E. 藝文據點

14 1/13—14：讀咬工坊

15 1/29—30：[illegible]

16 2/25：花手巾植物染工坊

F. 友善農漁

17 1/26：吉拉卡樣有機農場

18 3/16：鳥居農場

19 4/11：美荷園

G. 市場市集

20 2/01、4/06：中正路傳統早市

光復鄉

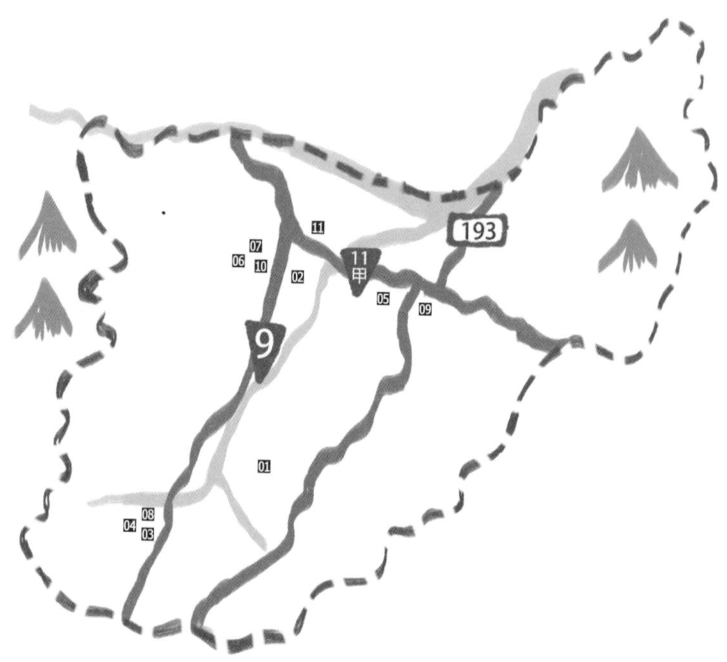

A. 戶外活動

01 3/23：大農大富平地森林
02 1/21—22：光復糖廠

B. 文化景點

03 3/08、12/24：富安宮

C. 特色聚落

04 3/07：大富村
05 7/29—30、8/13—14：太巴塱部落
06 8/13—14：馬太鞍部落

D. 特色餐飲

07 1/19：紅瓦屋老地方文化美食餐廳
08 1/18：蔗工的厝餐廳

E. 藝文據點

09 7/31：太巴塱日豐窯業
10 12/15—16：拉藍的家

F. 友善農漁

11 4/03：光復自然田

瑞穗鄉

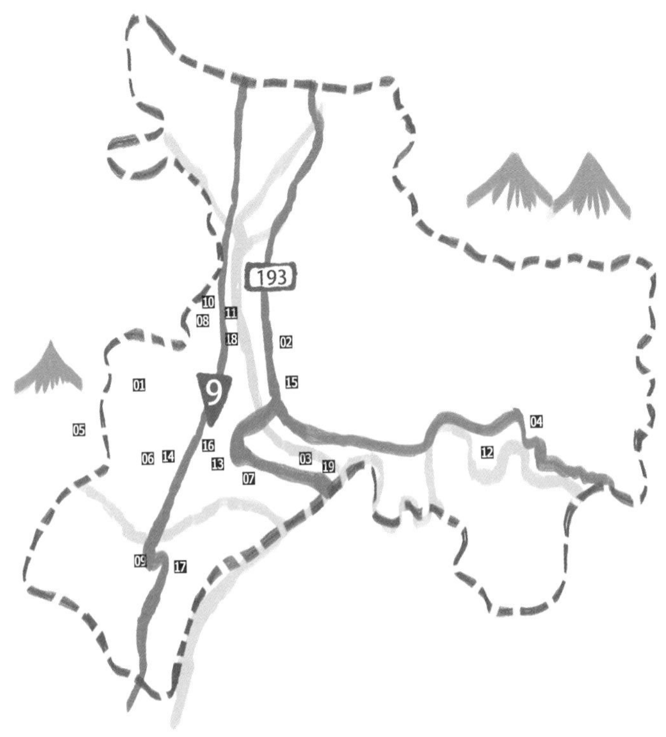

A. 戶外活動

- 01 1/09—10、11/17—18：虎頭山
- 02 6/05：阿勃勒花海
- 03 7/12：秀姑巒溪泛舟中心
- 04 8/19—20：瑞港公路
- 05 11/17—18：紅葉溫泉
- 06 11/17—18：瑞穗溫泉

B. 文化景點

- 07 5/25—26：青蓮寺
- 08 6/28、7/11：保安宮
- 09 11/23：舞鶴臺地

C. 特色聚落

- 10 4/17—18：拔仔庄社區
- 11 6/09：富興社區
- 12 7/13—14、8/17—18：奇美部落

D. 特色餐飲

- 13 1/15：涂媽媽肉粽
- 14 11/16：馬卡多野菜火鍋

F. 友善農漁

- 15 3/14、9/14：鶴岡段柚子園
- 16 4/04：彌勒果園
- 17 4/09：吉林茶園
- 18 4/13：富興里拔哈（LiPaHaK）生態農場
- 19 6/29：德武部落金多爾筍

玉里鎮

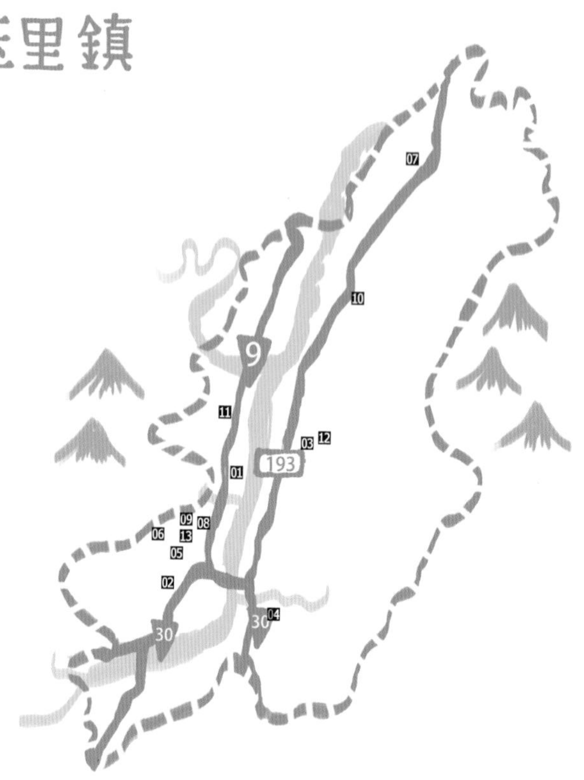

A. 戶外活動

01 1/11—12：臺九線 縱谷花海
02 6/23—24：客城橋
03 8/03—04：赤柯山
04 9/21—22：安通溫泉區

B. 文化景點

05 2/12：洗衣亭
06 2/15：玉里日本神社

C. 特色聚落

07 11/13—14：春日部落

D. 特色餐飲

08 2/13：橋頭臭豆腐

E. 藝文據點

09 2/14：天使之鑰二手書店
10 12/08：玉東國中木工班

F. 友善農漁

11 2/08、11/25：臺九線菸葉園與稻田
12 11/11—12：赤柯山吟軒茶坊

G. 市場市集

13 2/11：和平路傳統早市

富里鄉

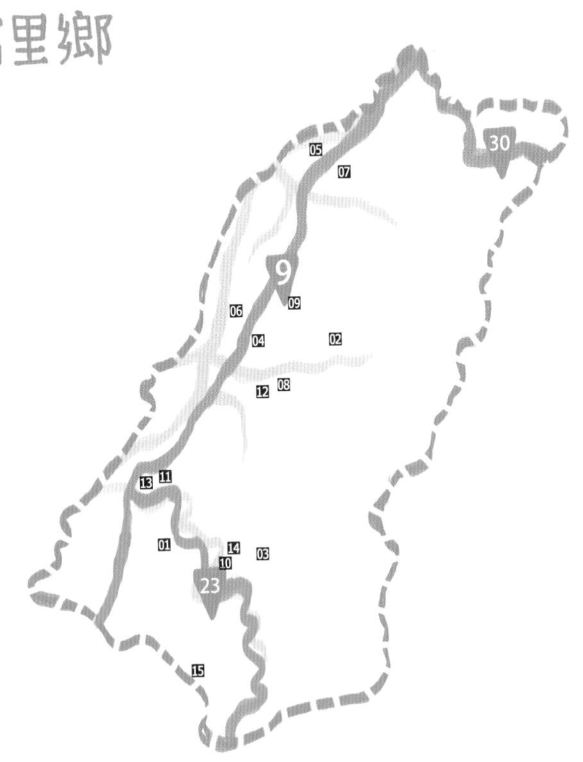

A. 戶外活動

01 1/07—08：臺二十三線梅園
02 8/11：六十石山
03 10/31：新港山

B. 文化景點

04 9/02：竹田義民廟
05 9/25—26：東里站
06 9/25—26：東竹站
07 10/27：大庄公廨

C. 特色聚落

08 7/06、8/05—06：羅山有機村
09 8/09—10：達蘭埠部落
10 10/28：豐南部落鴨咪別莊

D. 特色餐飲

11 8/12：邊界花東民宿咖啡館

E. 藝文據點

12 4/23—24：羅山村月荷塘
13 12/19：瑞舞丹大戲院

F. 友善農漁

14 7/19—20：吉哈拉艾百年梯田
15 11/19—20：六和緣生態生活化農場

豐濱鄉

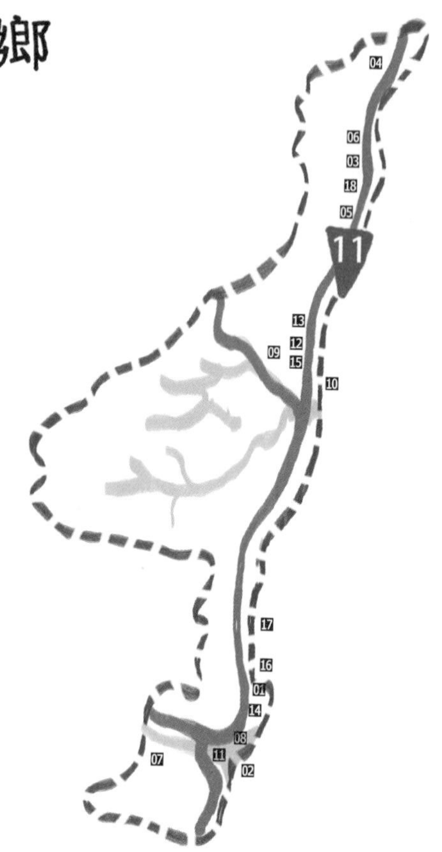

A. 戶外活動

01 2/09、7/27：石梯坪遊憩風景區
02 2/10、7/15：秀姑巒溪出海口（奚卜蘭島）
03 9/24：磯崎海水浴場
04 10/09：芭崎眺望臺
05 10/12：大石鼻山（龜庵山）步道

B. 文化景點

06 10/13：磯崎國小

C. 特色聚落

07 7/16：靜浦部落
08 7/25—26：港口部落
09 10/07：復興部落

D. 特色餐飲

10 10/01：噶瑪蘭餐廳
11 11/30：陶甕百合春天風味餐廳

E. 藝文據點

12 10/02：香蕉絲工坊
13 10/03—04：巴特虹岸光織屋

F. 友善農漁

14 3/17—18：莎娃綠岸綠芽有機農場
15 6/27：新社水梯田
16 7/17—18：石梯坪復耕海稻田
17 7/23、11/29：石梯坪漁港
18 7/28：磯崎漁港

萬榮鄉

A. 戶外活動

01 11/17—18、01/09-10：紅葉溫泉

B. 文化景點

02 7/03：西林村平林遺址

03 10/21—22：林田山

04 12/25：馬遠教會

E. 藝文據點

05 4/21—22：早療協會萬榮據點

F. 友善農漁

06 3/19—20、5/07—08、10/29：緩慢咖啡館

卓溪鄉

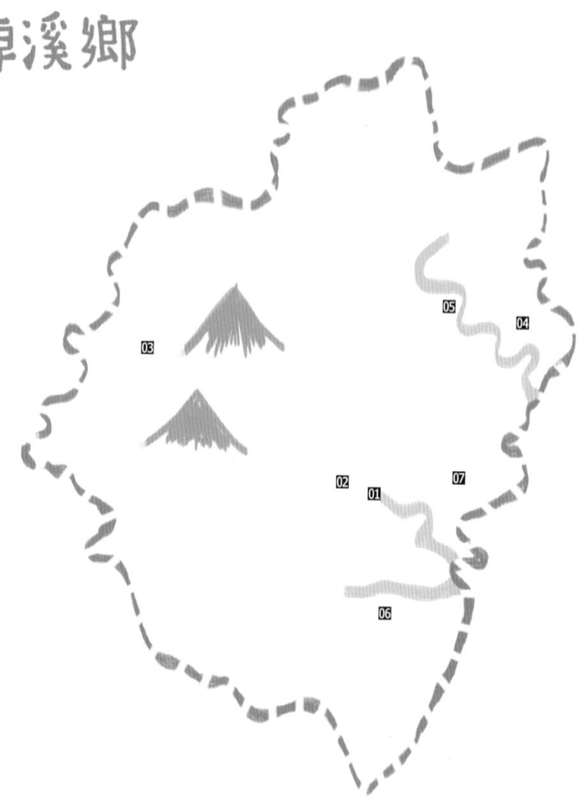

A. 戶外活動

01 4/26：南安瀑布
02 4/27—28：瓦拉米步道

B. 文化景點

03 12/17—18：大分

C. 特色聚落

04 10/25：崙山部落
05 10/26：山里部落
06 11/15：白端部落

E. 藝文據點

07 4/25：一串小米獨立出版

致謝——

部分照片提供：

王玉萍（P43、P55）
方凱平（P22）
古國萱（P74）
吳昌鴻（P66、P83、P171、P207）
林佳穎（P183）
林柏辰（P119）
林柏偉（P174）
洪榮崇（P75）
梁皓怡（P42）
熊帆生（P130、P131）
歐陽夢芝（P184）
劉崇鳳（P118）
蔡韶雯（P147、P149）

顧問：

沙力浪（Salizan Takisvilainan）、吳昌鴻、李美玲、邱信文、林榮輝、林興華、馬中原、曾子耘、黃家榮、彭瑋翔、赫恪、廖美菊

人文旅遊 KTH3024

花蓮365 huaiien 春夏

作者—王玉萍
攝影—鍾順龍
主編—李宜芬
責任編輯—楊佩穎
美術設計—蕭旭芳
地圖繪製—蔡韶雯
執行企劃—張燕宜
企劃助理—石瓊寧

董事長—趙政岷
總經理
總編輯—余宜芳
出版者—時報文化出版企業股份有限公司
（一〇八〇三）台北市和平西路三段二四〇號四樓
發行專線—（〇二）二三〇六—六八四二
讀者服務專線—〇八〇〇—二三一—七〇五、（〇二）二三〇四—七一〇三
讀者服務傳真—（〇二）二三〇四—六八五八
郵撥—一九三四—四七二四時報文化出版公司
信箱—台北郵政七九～九九信箱
時報悅讀網—www.readingtimes.com.tw
法律顧問—理律法律事務所 陳長文律師、李念祖律師
印刷—和楹印刷有限公司
初版一刷—二〇一六年一月十五日
定價—新臺幣三五〇元

行政院新聞局局版北市業字第八〇號

國家圖書館出版品預行編目 (CIP) 資料

花蓮 365 －春夏 / 王玉萍著 鍾順龍攝影 . -- 初版 . -- 臺北市 : 時報文化 , 2016.01
面 ; 公分 . --（人文旅遊 ; KTH3024）
ISBN 978-957-13-6495-7（平裝）

1. 旅遊 2. 花蓮縣
733.9/137.6 104026392

Printed in Taiwan.